JN418476

사랑, 그 문 뒤에서

사랑, 그 문 뒤에서

현대시문학

■ 책을 엮으며

니체의 <인간적인 너무나 인간적인> 616을 읽다보면 -현재에서 떨어져 있어 보다-란 짧은 말과 만나게 된다. 현재에서 떨어져 있어 보는 그곳에는 무한한 상상의 자유와 과거의 대양까지 되돌아가 보게 만든다. 잠시 현실을 벗어나는 것이 커다란 삶의 이득을 도리어 준다.

2011년을 돌아보면서 작가들은 자신만의 삶의 색깔들을 본 앤솔러지 책에 내놓고 색을 발하고 있다. 모두 한곳에 올려놓은 인간적인 너무나 인간적인 글들이 서로 어울려서 조화를 이루고 그 속에서 자신의 공간을 자신의 영역을 자신의 색상을 만들었다. 마치 연말 음악회를 보는 듯 하다.

매년마다 이런 행사를 하면서 더 좋은 글을 쓰고 싶었지만 그러지 못하는 아쉬움을 느끼지 않을 수 없다. 글이 형이상학적인 소산이라면 우리들 글의 본능은 형이하학적인 소산이라고 할 수 있다. 두 개의 학이 만나서 이루는 것이 글이고 보면 살면서 가지고 있는 한이나 생각들을 일정한 항아리 속에 넣어 뒷마당에 진열해 놓고 매일 매일 항아리를 열고서 그 시적 내음을 맡고자 한다. 본 책이 참여하거나 참여하지 않은 사람들의 심금을 울리기 바란다.

2011년 12월 현대시문학 회원

차례

사랑, 그 문 뒤에서

안녕

문소연

첫인사를 기억해
마지막 인사 말고.

맨 처음 너의 눈빛을 보고
내가 웃으며 얘기했던,
네가 나를 보며
가장 싱겁게 던진 안녕처럼

이별이 아프지 않은 사람
세상엔 없을 거야.

더도 말고 덜도 말고
우리 처음만나
싱겁게 웃으며
서로에게 건넸던 그 인사
안녕만 기억해.

글/그림 문소연(이후 계속)

12월은

떠난 사람을 위해
눈길을 쓸어둔 것 같다.

무성한 날들을 지우며
새롭게 낸 발자국이
다시 너였으면 하는 기다림,

그래서
눈도 내려주었으리라 믿고 싶은…….

타인에게, 나에게

소음 소리 끊이지 않는 거리
누구도 그 앞 병동의 한 귀퉁이에 장례식의 슬픈
목소리가 꺽꺽댄다는 걸 기억하는 이가 없을 거다.
그래서 건배마다 부딪히고 넘기는 술잔은
서로가 서로에게 달기를 원하는 열매의 진액처럼
넘겨지는 것일 거다.
의례히 낙엽 얼마 남지 않은 이 계절에
누군가를 잃고 돌아서는 가슴에 이는 바람은
얼음을 긁어 부서진 가루를 가슴에 안는 것처럼
시릴 것이다.
사람이 사는 건
골목마다 그림이 다른 풍경화처럼
한쪽 모퉁이에선 웃음소리,
한쪽 모퉁이에선 곡소리,
한쪽 모퉁이에선 그저 소음 같은 레일이
돌고 돈다.
어느 날엔 나도 웃었다가
어느 날엔 나도 슬펐다가
소음에 섞인 일상을 폈다 접으며 세상에
희석이 되어가고 있다는 생각.
사람들에게 고통을 잊는 아편은 사랑이다.

시린 가슴으로 잉태된 바람이
그 가슴을 박차고 나가는 날엔
사랑하는 누군가의 위로가 백만 불 같은 힘이 되어주는 찰나가
아닐까싶고
온전히 땅으로 꺼지는 한숨이 뇌세포마다 각인되어
슬픔으로 외로움으로 표류를 하게 하는 건
사랑하는 누군가를 잃고서야 갖는 상실감 때문이 아닌가 싶다.

꾸준히 아편을 맞아 온 것처럼
사실, 아편의 기운이 어떤 건지는 모르겠으나
영화에서, 혹은 이야기에서, 책에서 간접으로 들은 그 느낌으로
말하자면 우리는 언제나 아편에 융해되어서
사랑이 그립거나 고팠거나 넘쳤거나 아득했거나…….
사람과 사람을 만나
악수를 건네고 마음을 건너다보면
그 사람의 체온이 얼마나 사람이 그립고
그 아편 같은 사랑이 그리웠는지 알 수 있는 나이가 되었다.
깨고 나면 시리고,
깨고 나면 그 사랑으로도 모자람이 혈류를 타고
돌아다니다보면 사람들은 언제나 사랑이 목마르다.
가장 적중하는 곳에서 너와 내가 만나고
알 수 없는 전류가 통했다면 그게 인연인거고

그게 사랑의 증거가 아닐까?
단편적으로도 장편 적으로도 서술할 수 없는
사랑의 중독
세상엔 눈살 찌푸리는 사랑의 생명체만 존재하는 것이
아니다.
서로를 명명하는 가슴의 적중
왠지 그 사람은 내 인생을 꼭 다녀가야 할 인연이었고,
나는 그 사람을 온전하게 인연으로 받아들이며
악수해야 할 운명 같은 게 있다면
그가 이 마지막 잎사귀를 두고 언제 떠나도
나는 진심으로 울 수 있어야하고,
그도 눈 감을 때 서로를 만나 행복했다는 인사는
남겨놓을 줄 알아야 한다.
그게 줄기차게 내가 인연이라 믿고 싶었던
아편처럼 중독된 사랑임을.
골목을 돌아 나오면서
풍경이 엇갈리는 시간 웃는 사람도 우는 사람도
가슴속으로 안겨온다.
슬픈 사람에겐 마음속으로 힘내세요!
기쁜 사람에겐 마음껏 웃으세요!
그게 타인과 나의 교신 이였던가 보다.

사람들이 산다.

눈 멀 때는 보이지 않던
이대로 멀어질 것들이 보인다.
유성처럼 떨어져 내린
쉬운 사랑들이란
언제나 왔던 속도를 배가시키며
때가 되기도 전에 허물없이
멀어지는가 하면,
쉬운 소리로 쉽게 내딛던
그들의 한결같은 아우성도
때가 되면 조용히 사라지고 없다.

덩달아
동요되어 그 사랑을 믿었다가
또 한 번작은 상처를 덧 이기며
사람들이 산다.

그러다 정작
따뜻한 사람을 만나지도 못하고
사랑하지도 못한 채
외롭기도 하면서
사람들이 산다.

누구의 사랑과 열정이
강렬하다는 기억치 말고
내 사랑이 그런 가슴을 지니고 살면 된다.
봄의 뜰에서 제 생애만큼
꽃을 피우다
땅으로 돌아가는 것처럼

어느 날
온 사방으로 따뜻한 것들이 채워져
세상이 다 아름다우면 된다.

두남자의 추억 곁에서.

그들의 밤,
이야기에선 6월의 아카시아향이 났다

가장 풋풋한 인생의 한 때를 지나
한 꺼풀 꺾임을 이야기하는 두 남자.

술인지 인생인지
그들의 인생은 뜨거웠다.

짙은 아카시아 향내처럼.
그들의 삶,
이 한 모퉁이에서 부딪히고 있는
지난날의 청춘
어느 인생을 더 기억하고
축복할 불패를 새기나…….

너는 너대로
나는 나대로
두 남자 그 곁에서 듣는
지난날의 추억
나는 그대로 취해 행복했었던 밤이다.

그들의 청춘을 듣는 시간,
눈 뜨고 꿈꾸는 삶이나

눈 감고 꿈꾸는 삶이나
가슴이 뜨거웠고, 사랑한 기억이 있고,

지난 날 너와 함께 그랬었지 라고 말할 수 있는
네가 있다면 삶이 더러 조금 더디고 힘들 때라도
지금 이 시간 기울이는 술잔처럼
웃어도 좋지 아니한가.

또다시 하나여도 외롭지 않을
또다시 둘이 만나도 여전히 반가울
지금은 또 언제 이야기 하랴.

문소연:현대시문학 등단.

별들을 위한 노래

김문백

거제시 연초면 죽토로 762번지
무엇을 찾아
나 여기에 왔나

연두빛 조명등을 가랑비처럼 맞으며
먼 남국에서 돌아오지 않은
아버지를 그리며
흑진주같은 눈시울 짙어지는 여인에게
무슨 위안을 구하려고 나는 왔던가

안개처럼 자욱한 포연에 덮힌
깜깜한 참호속에 엎드려
차라리 넘고만 싶었던 녹슨 철조망
사선을 건너 다섯 발자욱이면
산산이 흩어질 젊음이 아쉬워
탄약냄새를 눈물처럼 삼키던 시절

달 밝은 밤
적의 십자포화에 갇히던 날
흐르는 내장을 두 손에 받치고
소대장님!
애원하는 병사를 남겨둔 채

탈출해야만 했던 처절한 그날 밤
전우의 찌그러진 철모는 지금쯤
낯선 땅 어디에서 나뒹굴고 있을까
어쩌면 그녀의 아빠였을지도 모를

흔들리는 헬기에 몸을 기대어
신호탄같이 꺼져가는
푸른 별똥별을 지켜보며 우리는
긴긴 밤들을 그곳에 머물어야 했다
오늘은 흐릿한 회상의 지평 너머로
아스라이 멀어져간 무명의 별들

나 이 여인에게서
무엇을 얻기 위하여
이곳에 왔던가

이중심리

찌는 듯 무더운 날
아파트 초입 수퍼켓엘
들렀더니
여주인이 불평을 한다

상가 앞 야외용 탁자에서
남정네들이 술을 마시며
아슬아슬한 새댁들의
허벅지를 흘끔댄다고
부녀회에서 그걸 치우란다나

전 재산 쏟은 가게 혹심한 불경기로
목숨이라도 내다 걸 판인데
내 집 앞에 내 물건 내어 논 것이
무에 잘못이냐고
투덜대며 토를 단다

돌아와서 곰곰 생각해보니

그렇게 심란한 차림으로
거리를 나서고선
사내들의 뜨거운 시선을 째고 까부는
여인들의 저의가
궁금해진다

섬사람

다도해의 내만 깊숙한 곳 후미진 섬의
벼랑 위 외딴집에
외로운 은자처럼 내 친구가 산다

그는 유난히도 별을 좋아해
푸른 은하수가 쏟아져 내리는 밤엔
별무리들과 훨훨 어우러져
외롭지 않았을 게다
고독한 소주병 한숨으로 기울이며
그 마음 달랬을 게다

가끔씩 찾아들면 씨익 하고
메마른 웃음을 바람에 날리던 친구
내가 그에게로 가는 날엔
도선장이 있는 섬마을까지 내려와
섬사람 속에 묻혀 굴을 까기도 하고?
윷을 놀면서 기다리곤 했다

큰딸 시집가던 날 친구는 도회로 나갔지만
예식장 부근 그늘진 찻집에서
쓰디쓴 커피잔만 눈물처럼 비우다

돌아와야 했던 밤
된바람 거세게 불어와 하늘 윙윙 울었지

그날 밤

별들마저 숨어버린 어둠속에서
지나간 날의 연가를 혼자 부르며
내 친구 외롭지 않았을런지

우리를 슬프게 하는 것들

깊은 밤 술 취해 겨울비 내리는 가로를 걷는다. 먼 지난날 둘이 함께 거닐던 포도위에 내리는 비, 두 뺨을 적시는 눈물 감추며 택시를 세워 우산을 털어낸다. 젊은 기사 양반 여직껏 한 번도 그렇게 하시는 분은 난생 첨이네요. 하는 말에 차라리 슬퍼진다. 아무렇지도 아무것도 아닌 행적에 감동하는 그의 얼굴에 나는 서글퍼진다.

말해주었다
돈이 되지도 않고
이름도 없는 詩人들은
늘 그렇게 하고있는 거라고.

김문백: 현대시문학 등단. 현대시문학 영남회장.

독도의 날에

긴뚝섬

사랑보다
더 가슴 뛰게하는 노래
이 겨레 이 강산의 숨
백두에서 한라까지
한라에서 독도까지
돌멩이 하나
나무 한 그루 내어줄 수 없다

이땅의 주인들이
목숨으로 지켜 온 영토
이땅의 후손들이
창대히 문명을 열어갈 옥토
독도의 날을 선포하여
대한의 자손들이 하나가 되게 하자

3월 1일의 민족 정신을 되살려
눈물 겹도록 울어 보고 외쳐보자

독도여 내 민족의 영토여
독도여 내 민족의 바다여

우리 모두 모여
태극기를 휘날리며
독도를 찬양하고
대한민국의 영토임을 만방에 알리자

시인은 시로
낭송가는 낭송으로
노래로 몸짓으로
후손이 독도를 잊지않게 하자

꽃이 피어 겨울이 간다

본래 한라산 기슭에서 피어
꽁꽁 얼어붙은 한반도에
새봄을 알리던 하얀 꽃
동학사 가는 길에
계룡을 바라보며
하늘을 향하던 꽃잎은
몹시도 추웠던 올겨울을 이겨내고
산자락을 휘감으며 불어오는 봄바람에
살랑살랑 겨울옷을 벗는다

늙은 고목에 피어난 어린 새순의 의기
자연으로부터 터득한 슬기로운 지혜
싸우지 않고도 이겨내는 용기
꽃이 질 때에는 미련없이모든 것을 훨훨 벗어 던져
새 삶을 살아가는 강인함
하늘에서 지상으로 쏟아져 내린다

봄이 되어 꽃이 피는 것이 아니라
꽃이 피어야 겨울이 가는 것이다
강인함은 무궁화를 보고 의기는 벚꽃을 보라
대한의 꽃은 세상을 붉게도 물들이고
어두운 세상을 하얗게도 물들게 한다

여명黎明의 아침
—해맞이 노래

먼 산을 넘어
깊은 바다로 쏟아지는
눈부신 태양을 보라

어두운 지구에
새 천지를 여는 광명
묵은 태양은 가라앉고
고인 달빛은 숨을 멈춘 새해 아침

지난 슬픔은 가슴에 묻고
생명력 없는 가슴은 도려내며
깔딱이는 숨은 여명에 던져라

인간사의 욕심은
영원한 순간을 위해
대자연의 경이로움에 내려놓고
우주가 펼쳐 놓은 빛의 향연에
생의 모든 것을 던져라

황량한 은하 속에서
자공의 세월을 감내하는

별들의 숭고한 고행
나선형 은하 속에서
지구를 품는 태양의 뜨거운 모성

땅 위를 거슬러 올라오는 빛이 아니라
우주의 한복판에서 쏟아지는 생명의 빛이여

인간이 태양빛을 기다리는 것이 아니라
붉은 태양이 인간의 소망을 기다린다

병든 하늘도
묵은 땅도
가슴 가득 고운 소망
자신의 몸을 태워
우주를 밝히는 태양은
아픔을 내색하지 않으며
고단함과 공들임에
엄살피거나 자랑 삼지 않는다

더 높이 더 멀리
붉은 해야 솟아라

뜨거운 해야 떠라
새 문명을 열어라
새 인생을 펼쳐라

긴뚝섬: 평택시 진위면. 21세 이후~ 시 (누드,환경,행위,명상,후천,욕,잔혹) 설치 (거미줄을 치는 사나이, 치마 입는 남자), 퍼포먼스 (시,먹,누드,소리,道功舞,하늘새) 장례문화의 새로운 변화 추구 (장례 퍼포먼스-상두꾼). 첫 시집 "낯선 땅을 거닐며". 두 번째 시집 "파겁" 낭송 CD 제작 - 참여 시낭송가)

강물

김병순

가지 꽃섹으로 피어오른다.
아름다운 노을빛 강물
거슬러 오는 검은 밤에

맑고 푸른 강물
한 돛배 가들 실어
정답고 수줍은 듯

행렬에 바람이 멀리 원을 그리고.
은은히 스며드는 티 없는
멀고 먼 별나라 멜로디

어떤 별 하나 강물에 손짓한다.
너의 꿈속 고향이라고
강물은 별을 싣고 떠나가네.

낙엽들

뻐꾸기 제철 따라
다 울지 못하고

떠나 버린 가을 산
나뭇잎 떨어져 내리고
떨어져 버석 버석한
오솔길 걸어간다.
밟히는 낙엽은
바스락, 바스락 서럽게 울고
우는 소리 들으며 명상에 잠긴다.

언제사는 우리도
저 나뭇잎처럼 떨어져 내리고
썩고 그름이 될 터

움도 트지 않고
싹도 내지 못하고
지워져 갈 것이다.

눈 내리는 날

함박눈 펄펄
내리는 거리
발걸음 멈춰진다.

하늘 고방 문 열고
유과 튀김처럼, 하얀 나비처럼
펄펄 쏟아져 내린다.

아마 저 눈 속에는
조각조각 부서져 내리니
무엇이 숨겨져 있는가보다.

사뿐사뿐 내리는
새댁 걸음 같은 소리
차분한 마음 옛날을 돌아본다.

잃어버린 이름,
보고싶은 친구,
반가운 형제 만나는 기분

김병순: 2007년 창작과의식 등단. 시집:<흙에 살리라><시골할매>

빈 상자

김수연

작업장에는 빈 상자들로 가득하다
담긴 것들은 담긴 데로 떠나가고
담길 것들을 기다리는
그리움들로 가득하다
담길 것들로 자라 담길 것으로 선별 되어
당당히 먼 길 떠나가는 능금을 본다.
담기지 못한 것들로 담긴 능금을 본다.
담긴 것들은 또 누군가에게 담기지 못해
쓸쓸히 휴지처럼 버려질까.
상자 속에서는 어떤 눈물들 흐르고 있을지도 모른다.
담기지 못한 것들 다시 만나 담겨져 올지도 모른다.
우리가 알지 못하는 미지의 다리를 타고 와서
키득키득 봄꽃처럼 웃고 있을지도 모른다.
담기지 못하는 열매를 위하여 꼭꼭 팔 여며 부둥켜안는
상자
능금은 능금끼리 상자는 상자끼리
꺽꺽 부여잡고 흰 눈처럼 운다.
사각의 팔 얼싸안고 혈액처럼 끈끈하게 붉게
담기지 못한 것들 위해 먼저 담겨나간 것들
저를 안고 떠난 상자 목숨처럼 안고와
지금, 떠날 채비 서두르고 있다

저 빈 상자,
다시 돌아 올 것을 약속 하고 있다.

귀가

마주 보고 있는 것들이 아름답다
상자 속 마주 보고 웃는 사과
제각기 둥근 모양으로 손 맞잡고
식탁위에 앉아 있다
숟가락이 없는데도
배부른
빠알간 속살을 두드리고 있다
찬 아침을 맞으며 나서는
들길
쫓겨온 가슴들 돌아와
어깨 부비며 마주앉아
별을 켜고 누웠다
상자 속 옴지락 꼼지락
가지런한 신발들
숯불 따스한 입김들
새들 돌아와 깃을 터는
밤 깊은 앞산이 되는 저녁
은하수 이불을 편다.

난로

이 뜨거운 입김들이 누군가의 가슴마다에
불씨로 달려가 꽃 피어 났으면 좋겠다
낮고 작은 것들이 자라서 높고 큰 가지가 되듯이
강물처럼 흘러갔으면 좋겠다
하루 종일 배회하다
누군가의 창문에 스며들어가
등 뒤가 따스해 졌으면 좋겠다
언 손을 비비고 문을 여는 가장의
손등이 따스해 졌으면 좋겠다
일당을 쥐고 걸어가는 버스의 뒷모습
살짝 얹혀 가서
넉넉한 정거장이 되었으면 좋겠다
잉크를 갈아주는 아내의 눈에도 또렷이 박혀
맑은 문물 글썽이면 좋겠다
담기지 못한 것들에게
가득한 상자가 되었으면 좋겠다
데굴데굴 마구 굴렀으면 좋겠다
펄떡펄떡 이 불꽃들 위에서.

쓰레기통을 비우며

쓰레기통에는 일상의 물무늬들
날아갈 때를 기다린다.
젖은 날개를 퍼득이며 비행을 꿈꾼다
고딕 글씨 선명한 흰 종이들 어느 행로를
걸어와 구겨있나
전송되지 못한 연서들이 이슬을 털고 있다
점선을 따라 찢긴 일회용 커피들 쓰러진 봉급처럼
아득하다
한 수일 변방을 배회하던 덕지한 웃음들 석고처럼 굳어
있다
일상의 언어들이 분리된 빈병 그리운 구멍을
들락날락 헛기침을 토해낸다
폐혈관이 꽉 막혀 수술한 채반장 부은 얼굴
반 고호 자른 귀 볼로 눈앞에 일렁인다.
쓸쓸한 날개 걷어 올리는 나방들 어깨가 들썩인다.
이륙의 시간을 점화하는
모서리, 모서리로 모이는 광어 때
나는 시방 어망을 건져 올리는 중이다
손만 대면 툭 툭 활어들이 마구 튀는
저 해저의 투명한 아침.

문을 잠그며

가로등 불빛 가로수 그림자처럼
텅 빈 판넬에 기대어
낮을 잠그는 별을 바라본다.
열기를 식히지 않던 팩스의 울림도 멈추고
자장면 냄새도 바람을 타고 일치감치 떠났다
농약 병들이며 호미며, 삽이며, 질서 정연히
그들을 감싸던 상자도 침몰한지 오래
바람의 통로를 들숨날숨으로 비행하던 환풍기
창문 틈에선 불빛 모여들던 나방들
시체로 떠 있곤 한다
문을 잠근다는 행위는 늘 일상을 떠다니는 손놀림
문 앞에 선다는 건 아침을 밀고 들어오는 햇살
썰물 되어 맞이한다는 것
꽝꽝 판넬 속에 못처럼 박힌 수백개의 일상
날개 곧추 세워 뚜벅뚜벅 일어설 아침 벽화들
가로등 불빛 가득한 판넬에 기대어
박제의 날개 꿈틀 이는 나방들을 본다.

김수연: 현대시문학 등단.

어느 날 거울 앞에서

김숙경(Stella)

가슴 한 켠 서늘한 바람이 불어오고
황소바람 부딪치며 휑하니 뚫고 간다
수없이 스쳐간 계절들을 부르지만
붙들지 못하고 스러진 가슴 속 시간들.

갈 길이 있다면, 어디쯤 왔을까
거울 앞에 서면 눈빛은 헝클어지고
수직의 단면을 뚫고 시간이 걸어나온다
세월이 끌고가는 여린 기억 붙들고
하늘과 닿은 바다 위로 노 저어간다.

부끄러움으로 흐려지는 삶에도
발그레한 미소는 터 잡고 사는가
한 뼘 노을에도 열정이 숨을 쉰다면
오늘이나 내일이나 그 어느 날에도
세상을 걸어가며 수줍음은 남는 것.

한강이 샤스캐치완강으로 와서 흐르고
삼각산 그림자가 로키계곡으로 드리워
지난 것들이 지워지지 않는 일이라면
가슴으로 부는 시린 바람 끌어안고
어제처럼, 오늘도 내일도 사랑하리.

달팽이 이별

설레던 그날
수줍게 웃던 너를 떠올린다
서로의 등에 얹힌 껍데기에 작은 상처까지
걱정해 줬던 우리는
차츰 마음 열고 정담을 쌓았지
무심코 한 말 한마디가 널 아프게 했니?
더듬이를 길게 세우고 오해였다고
네 이름 불러보지만
메아리로 되돌아온다
새들을 대신하여 숲을 노래하던 매미
향기를 이곳저곳 배달하던 나비
어스름 어둠이 오기 전에 다 가고 나면
처연한 달빛 내리는 나뭇가지에서 널 기다린다
단단한 껍질 속에서 혼자 울음 삼키는 나를
한 번이라도 생각해 본 적 있니?
사소한 오해로 금이 가고 조각난 것들을
꿔 매고 맞추자꾸나
해서
우리 언제까지나 이 숲에 머물며
흙 속에
단단히 뿌리 내려 하나 되길,

그대는 휴먼 터치(The Human Touch)

사람과 자연 자연과 우주 인터와 인터사이
카메라는 조리개를 통해
내시경을 보듯 순간을 기록해 낸다
고단한 삶 허울 속에 가려진 거짓조차도
진실만을 향해 조리개를 연다

옆구리 시간 속에 삐쳐 나 온
소외된 것들을 세상 속으로 보내며
피사체의 고독한 싸움에서
직선과 곡선 곡선과 사선의 고리를 풀어
셔터는 빛과 어둠으로 흔적을 담아낸다

그대 휴먼 터치의 날카로운 눈매는
시간의 동선에 따라 우주의 기(氣)를 고스란히 받아
동(動)을 정(靜)으로?승화시킨 열정의 손놀림 경이롭다

사계절 자연이 주는 축복과 인간의 삶을 조명하며
망막을 아프게 찌르는 상처 입은 표정
해운대 바닷가 동해의 푸른물결 정동진의 일출
다대포, 변산반도 솔 섬 앞바다의 낙조

자연은 그대와 함께 긴장하며 시간을 푼다
한민족 가난의 역사를 숨김없이 기록하고

진실한 인간의 고뇌 거짓 없이 담아 내었다
어떤 위험도 감수하며 시간을 천연 하려는 열정
찰나를 영원히 기록해 낸 휴먼 터치의 날
진정한 전문 사진작가들의 축하 퍼레이드

아~ 새들이 날고 카메라도 날고
그대 땀방울 우담바라 꽃으로 피어난다

김숙경: 서울공립고교 교사, 월간 순수문학 시부문 등단. 해외문학 편집위원, 한국문인협회 시분과 회원. 현대시인협회 회원, 한국여성문인회 회원. 시집 시월애(詩月愛) 발간. 한국서화예술협회 초대작가. 에드몬톤 한인 얼음꽃문학회 5대 회장.

꽃 같은 당신
김우식

유난히도
꽃을 좋아하던 당신
집안 구석마다
꽃꽃이로 장식한 당신

축하해
주고 싶은 사람마다
꽃꽃이로 선물한 당신

당신 행동 귀찮아서
집안 구석 처박아 놓은
백합과 장미꽃들...

꽃처럼 살다간
당신이 잠든곳
꽃병에
고이 씻어 꽂아 드립니다.

2003.당신 없는 첫 추석날
山에서...

눈물꽃

나 홀로 서기 후
딸 生日날
손자와 저녁을 먹었습니다

아내는 장미꽃 같았지만
딸은 한송이
백합꽃 같았는데

싱그러운 백합꽃
이슬젖은
봉숭아꽃이 되었습니다

밥숟가락
마디마디
눈물꽃 떨어집니다.

2009. 9. 28 딸 40회 생일 우식씀

봉숭아꽃

중국 항주
실크가 좋다고

사모님 잠옷
원장 잠옷
며느리 잠옷

딸 잠옷을 못 샀네

봉숭아꽃 같은
네 모습 처량하여

비행기에 엎드려
눈물 흘립니다

2009. 8.16 대구 문협 여행. 비행기안에서 우식 씀

아지랑이꽃

느리게 가세요
무궁화호 열차처럼

KTX처럼
빨리 가지 마세요

그분이 오라시면
언제라도 가야하지 않나요

차창 밖
보리밭, 오솔길 조약돌
아려오는 그리운 님의영상

아득히...
아지랑이꽃 필 때까지
느리게 느리게 가보세요.

2010. 4. 22 무궁화호 안에서 우식씀

이불꽃

가신님 잊어야지
세탁기 앞에 섰습니다

영원을 약속한 이불
세탁기에 넣습니다

장미빛 영상
주마등처럼 돌아갑니다

붉은 꽃잎 쏟아 집니다

하이얀 이불꽃
벽장에 차곡차곡 꽂아 봅니다

토막낸 꽃잎
하늘 하늘 호롱불같습니다.

2009. 4. 28 옛집에서 우식씀

김우식: 2008년 미당 백일장 입선. 2010년 현대시문학 등단.

매화에게

김용균

다시 봄이 와서 꽃이 피어
저린 뼈를 끌며 찾아가
창백한 그 얼굴을 바라본다

비린내도 없이 어깨를 미는 바람
한낮에도 저물어 보이는 안색으로
꽃은 왜 또 저리도 조용한가

이제 길 잃을 나이도 아니잖느냐고
한번쯤 물어 봄직도 한데
애초에 아는 길 하나 없었다는 걸
저 꽃은 이미 알고 있구나

그저 말없이
조용한 석등(石燈)으로나 번져가라고
발밑으로 지는 꽃그늘

아직 남아 있는 덜 아문 생채기나
출렁대는 한 옹가지 눈물은
두고 가든지 가져가든지
마음대로 하라고

산벚꽃 질 때

이마 맑은 비구니가
불면의 밤을 독경으로 밝히는가
바람 따라
빗살무늬로 산벚꽃잎 날려
온산이 화엄에 든다

월인천강(月印千江)
한 꽃잎
세상의 산을 덮어

진 꽃자리
홀로 무릎 껴안고 앉아
어느 해안으로 흘러가는
내 뒷모습 보노니

적멸도 고우리
꽃지고난 빈 가지에
낮달 걸릴 때.

*월인천강: 하나의 달이 천 개의 강에 비춘다는 뜻
화엄종의 종지 중에서

목련 필 무렵

순례의 끝이 여기였더냐
지친 나뭇가지에 앉은 봄은 우울하다

세상의 변방을 돌아와
어두운 배경을 밝히는 꽃 한 송이
희디 흰 심지에 환하게 등불을 켤 때
소중했던 사람 멀리 떠나가노니

내 봄날은 종일 비를 뿌리고
을씨년스러운 바람도 불어
세상의 반대편 어느 골짝에는
하염없이 눈송이 같은 목련꽃잎이 지고

침묵속 이승의 문을 조용히 닫는
쓸쓸한 뒷모습 하나.

(가신 형님을 애도 하면서..)

김용균: 현대시문학 등단. 2006.현대시문학 랭보 문학상. 2007.현대시문학 넷 문학상. 2011.현대시문학상. 현대시문학 작가회장. 시집: <포장마차에서 별을 보다>

마중물 1
–욕봤다

김월수

1
익숙하지 않은 환경에서
처음해본 일이 힘에 겨워
홀로 남겨진 날
밤꽃 향기가 "오늘 욕봤다"는 아버지의 말씀을 싣고서
지쳐있는 어깨를 두드리며
내 가장 깊은 곳에서 용기를 끌어낸다

2
초여름 날 해가
갑자기 적도에서 사라지 듯 가버리고
머리 위에 이불은 씌우듯 검은 구름이 몰려오면
우리 가족은 모두 바빠지기 시작한다
아궁이 앞에서 부지갱이로 불만 뒤집던 할머니도 나와서
구부린 몸으로 보릿단을 날라야 하는 급박한 상황이된다

긴 논길을 자나고 둑을 넘고
또 몇 개의 논을 지나야 있던 밭논에서
서로 품앗이한 몇 품들이

무겁게 져 날라온
마당가득 쌓여 있는 보릿단들을
마지막 잠을 자려는 누에가 뽕잎을 먹듯
순식간에
헛간은 물론 처마 밑까지 꽉 채워 보릿단을 쌓았다

빗방울이 하나 둘 떨어지고 어른들이 마당을 쓰는 것으로 갈무리가 되자
아버지가 나를 바라보며 "오늘 욕 봤다"고 했다

어른에게 얘기하듯 일곱 살인 나에게
그 때 노란 보리 이삭위에서 나던 일 냄새가 밤꽃 향기에 실려
나의 키 위로 흐르고 있었다

꽃길

본적을 바꾼 이곳 앞산에 진달래꽃이 무더기로 피어습니다
어머니가 화전을 부치시는지
고소한 냄새가 스멀스멀 콧속을 간질이네요

급한 마음에
투박한 옹기 같은
손에 올려
들고 오는
기름 번지르한
뜨거운 화전 받으러
꽃길을 달려갑니다

한계령 바람꽃

맑은 물 흐르던 계곡보다
마음 편히 쉬고 싶은 사찰 뒤뜰보다
연둣빛 촉을 틔워 아침안개 속에서
안쓰럽게 매달렸던 노란 새싹보다
벌과 함께 윙윙대던 아카시 꽃보다
고운 맵시가 빛나는 그녀

하늘에서 내려오는 눈 한 자락도
함부로 버리지 않고
꼼꼼히 새긴 무늬 옷 겹겹이 껴입고
가만히 서서 안주하지 않겠다는 듯

등에 진 나무다발 흔들려 기우뚱거려도
고개 넘어 가는 길에도
고개 넘어 오는 길에도
바람 속을 지킨다

김월수: 현대시문학 등단. 시집:<그와 나의 파도타기>. 임화문학상 수상.

Made in China

김인영

어디서 온 것인지
강한 바람에 묻어온 소식도 아니고
바다 건너에 실려온 소식도 아니라
물어도 대답 없는 이름

사계절 모두를 품었지
세상에 던져졌던 몸둥이
세상에게 포악질 해대고 팠는지

미동도 없이 늙어간다
스멀 스멀 기어드는 기억을 잊으려는건지
쓰윽 쓰윽 가슴을 도려 내려하는 것인지
알 수 없는 몸부림에 잠시 곁 내주었더니
모두를 차지 해버린 늙은 이름

도망치지 말라 한다
받아 들이라 한다

발길질도 허락 하지 말라 한다
꼬박 하루의 고된 노동에 지친 그들이
꼬리를 물고 늘어서

나를 지켜 본다

서슬 퍼런 눈빛에
가슴 시린 사연에
도망치다 잡힌 발목아래서
미끄러지 듯 나를 보며 조롱하고 있다

열 꽃

붉은 섬
가고 싶어
마음을 열어도
붉은 섬
열리지 않는다

바위 기슭
숨어든 숨소리 마져
잠의 그림자를 허락하지 않고
흔들리다
파도처럼
빙빙 맴돌다
또 다시 그 섬이다

머물지 말아라
어디든 가버려
숨지 말고 돌아가

붉은 섬
가슴을 열어줘
편히 안길 수 있도록

붉은 섬
볼 수 없다면
돌아서 가버려

*몇일 동안 딸아이를 괴롭히는 열이 3일이 지나도 열꽃을 허락하지 않아 걱정 가득한 어미의 마음으로 써 보았습니다.

상사화(2)

꽃을 꺾다
잎을 보지 못한채
사위어 가는 순간

꽃을 보지 못해
죽더라도
죽어보자 했던 순간

만나지 못해
죽을 듯 울었던 밤
만날 수 있어
행복할 수 있다 믿었던 날들

만나고
돌아서 가는 발길이
고통스럽게 일그러짐은

만나지 말아야 할
되돌아서지 말아야 할
길과 길의 끝에서
더없이 사나워진 바람앞에서
말라가는 눈물로 보고야 만

찢어질 듯한 굉음

사랑말자던 약속어긴 죄로
죽어가는 육신은
다시 또 사랑이라 말하며
사위어 간다

김인영: 현대시문학 시부문 1차추천등단. 동인지 모닥불 동인지 블랙커피로 죽이고 싶다... 서정시 마을 동인지 첼로 협주곡. 모던포엠 동인지. 침묵 그 화려한 빛의 언어. 현대시문학/현대인 외 다수

거미가 지나는 길엔 소리가 없다

惠雨김재미

모든 움직임 속에는 소리가 있다
세상이란 구체안에서 소리 없는 생은 곧 죽음

갈잎 수북이 쌓인 숲을 걷노라니
한 철 신명나게 살아왔을 존재들에 가슴이 뛴다
때론 현이 들려주는 음률처럼, 휘파람인 듯, 아기 숨소리 마냥
살가운 곳을 천천히 음미하며 걷다가
낙엽 침대에 편안히 누워 본다
홀연 숨이 끊긴다 하여도 서럽지 않을 것 같은 시간

나무와 나무, 가지와 가지들 사이, 나뭇잎과 잎들 사이로
틈틈이 내려오는 빛살
감았다 떴다가 지그시 바라보기도 하는
눈 보시 속에 아른거리는 또 다른 흰빛 가는 실선들
시작이 어디고 끝인지 모를 은사들이 보인다
교묘히 얽힌 선들에 갇힌 포획물들이 다양하다

언제 저리 집을 지어 재산을 늘렸을까
집 짓는 소리를 전혀 듣지 못했는데

하물며 별 같은 단풍에게도 제 흔적을 남겨 놓았다
분명 어딘가에서 몸을 움직이며 대상을 찾고 있겠지
은밀하고도 고요한 몸짓 몸의 크기와는 상관없는 움직임

거미가 지나는 길엔 소리가 없다
빛과 어둠에 스며들어 삶과 죽음이 엇갈리는
유와 무의 끊임없는 충돌들 속에서 저만의 방식으로
신묘한 솜씨를 부리며 길을 휘어잡고 살아간다
그보다 몇 배는 큰 나는 숨소리조차 이리도 큰데.......

강물처럼

늘 그 자리서
더도 말고 덜도 말고
강물처럼만 있어 주어라

때로는 쉼터로
눈물 가려 줄 피난처로
그리움 끌어올려 줄 낚시터로

네가 마지막에 이를 곳이듯
내 마음 닿을 곳
너르고 깊은 바다일 터이니

가고 오지 않을 것들에
연연했던 마음일랑
저 강물에 흘려보내 주어라

잡히지 않을 꿈이나
물의 기억은 한결같은
네 그렇듯 나도 그러할 터이니

무심한 듯 무심하지 않은

햇살에 반짝이는 물결
저 강물처럼만 있어 주어라

저물녘 강가에서

하루해가 붉은 동공을 확장시키며 강 속을 유람할 때
꼼꼼히 짜 놓았던 마음 타래 술술 풀어지네.

빗장을 열고 바라보는 강물
뼈 마디마디 세월을 말해주는 사람에 비해
나이를 가늠할 수 없는 저 강물은
얼마나 긴 시간을 살아왔기에
그리 부드러운 살결 물의 뼈가 되었는지

눈으로 읽어내는 물살의 이야기가
어느새 잠들었던 그리움 한 조각 꺼내어 놓고
금빛별을 찾느라 분주한 청둥오리 한 쌍 부러운 저물녘
노란 은행잎 물이랑 따라 흘러, 흘러 안착할 곳
내 그리움도 게 있으려니 좇아가는 마음 막을 길 없네.

김재미: 2006년 월간 [문학의 창] 수필 신인상. 2006년 계간 [e문학] 제34회 인터넷문학상 수필 부문. 2007년 계간글벗 시부문 신인상. 2008년 글벗문학상 수필 부문. 2010년 시집 '별을 닮은 그대에게' '도서출판 글벗' 개정증보판 출간. 2010년 수필집 '사랑의 그림자는 길다' 출간. 글벗작가회 회원. 시마을 작가 협회 회원. 현대시문학작가회 회원, 엔솔러지 동인지 참여. 좋은 생각 포토 입선, 에세이집 'smile again' 참여

나팔꽃

김정현

줄기를 뻗치며 오르는 미지의 세상
더 높이 오르면 길이 보일까
좀 더 멀리 볼 수 있을까
이른 아침 활짝 얼굴을 펼쳐 봅니다.

기다려 주지 않은 세월은
외쳐 보아도 멈추지도
뒤 돌아 보지도 않습니다.

그러나
살아갈 내일에의 희망의 씨를
잉태하기 위해
정해져 있는 짧은 운명 앞에

오늘 아침을 환하게 펼쳐
세상을 밝혀 봅니다.

할미꽃

소나무 숲 우거진 한적한
산기슭

잡초 우거진 더미 속에
세월의 상징인가
봄 햇살아래
옛 무덤가에
피어 있는 할미꽃

아무도 찾아온 이 없는
잊혀진 채 돌본 이 없는
잡풀 속에 묻혀있는 무덤

지워져가는 날들을 아쉬워하며
숲속 정적을 누르고
가는 세월의 한편에 비켜서서
외롭게 고개를 숙인 채 피어 있는
할미꽃

달맞이꽃

한적한 들판 건너
강가 언덕바지에 서서

소리없이
세월을 피우는 달맞이꽃

하도 세상일이
보기가 역겨워서

밤에만 살짝
피었다 지는 건가

밤을 지새우며 달과
무슨 말을 속삭였나

꽃에서 푸른
달 내음이 향기롭다

諸行無常
生者必滅

날이 새면
시들어 가야 하는 생애

달이 그렇게
일러주던가

달맞이꽃 핀 언덕에서
허전한 이 저녁을

잊었던 내 젊은 날을 되새기며
큰 소리로 노래를 불러본다

김정현: 현대시문학 등단.

슬픈 영화가 날 울려요

김평엽

극장에 불이 꺼지면 모든 게 지워지지
생각도 지워지고 너의 얼굴도 지워져
그러다 영화가 시작되면 여기저기 사람들 나타나
콜라와 팝콘을 들고 재잘대지
서로가 누구인지 알 필요는 없어
그저 먹고 마시고 키득거리다 지워지면 돼
설령 별들이 지워진다 하더라도
살포시 너는 내 허벅지를 만지면 돼
아, 그런 결정적인 순간에 필름은 끊어지지
모든 게 사라져 텅 빈 스크린
영사실 기사의 손길만 민망하게 움직이는,
그래 가끔은 세상이 스스로를 끊지
잠시 후 영사기가 돌아가면 사람은 다시
스크린 속으로 들어가
해야 할 키스는 잊은 채 찌르고 죽이고
피 흘리며 서로를 잊지

필름이 멈출 때까지 그들은 어둠을 즐기지
결국 영화가 끝나간다는 걸 아는 사람은
아무도 없지
굵은 장대비에 우리의 꿈 지워진다 해도

마태복음 5:4

깜깜한 하늘, 별들은 애통한 45도 각도로 내려온다
피 한 방울 나지 않게 어둠속을 파고든다
쓸쓸한 궤도를 걷다가 날 저문 사람들
어둠에 갇힌 눈이 맞불로 번뜩인다
길고양이처럼 오만과 편견을 건너다
힘줄 몇 개가 잘린,
죽음의 절정에서 별은 빛을 만든다
잘게 쪼개지고 쪼개져야 어둠을 관통할 수 있다
방사형 빛은 프레스 칼날보다 정직하여,
부질없는 근심 걱정을 잘라드릴까요
두통 치통 생리통까지 베어가는 별빛
밤길을 걷는 이들의 그림자가 홀가분하다
손가락 몇 개로 그리움을 맞춰본 사내는
안다 잘린 마디에서 피고 지는 아릿한 촉감,
이제 막 사내가 공장을 나서고
가로등이 그림자를 야금야금 먹어치운다
꼬리 잘린 도마뱀으로 기어가는
멀리서 보면 그 뒷모습 면돗날처럼 썬득하다

김평엽: 2003년 <애지> 등단. 임화문학상 수상, 교원문학상 수상 시집 <미루나무꼭대기에 조각구름 걸려있네>, <노을 속에 집을 짓다>

낯선 풍경도 시무룩했다

김환식

장터 초입에서
상여를 만났다
상주보다 빗물이 더 많이 울었다
바람이 상주의 슬픔을 닦아 주었다
만장도 노상에 주저앉았다
망자에게 발목 잡힌 시간들을
바람이 채를 썰었다
상여가 빗방울을 무심히 밟고 갔다
빗방울이 날개를 퍼드덕 거렸다
주인 없는 좌판 위에
간 고등어 한 손이 요염하게 누웠다
아랫도리에 쥐가 났다
빗소리가 조용히 욕망을 쓸어갔다
문상도 하지 않고 바람이 지나쳤다
상여가 몸을 움츠렸다
심중에 굵은 빗방울이 떨어졌다
상여가 젖은 엉덩이를 들썩거렸다
망자도 이승을 빨리 떠나고 싶은 것이다
한 생의 촉각이 꺼이꺼이 흐느꼈다
낯선 풍경도 시무룩했다

상여가 쓸고 간 시장거리에
빗물은 수천 개의 연못을 만들어 놓았다
연못 속에도 비는 내렸다
슬픔도 연못에 빠져 허우적거렸다
자전거가 연못을 가로질러 달렸다

자전거 바퀴에 연못이 휘감겼다

슬픔도 자전거 바퀴에 휘감겨 돌았다

부고

풍광 좋은 곳에
유택 하나를 장만하려고
퇴행성관절염을 앓고 있는 종조부님의 손에 끌려
온 산천을 헤매고 다녔는데
집안 내력을 제 손금 보듯 꿰고 있는 녹슨 지남철이
조목조목 명당자리를 기억이라도 하고 있는 듯
밟는 곳 마다 고개를 잘래잘래 흔드는 것이었다
부고를 띄워놓고
사랑채 뒤란에 까추를 달면서 묻어둔
오래된 옹기 하나
김장을 담으면 저절로 김치 맛이 변해버려
아주 쓸모가 없어진 김장독 속에
불어터진 쌀밥 같은 구더기들이
제각기 저 먼저 입적을 하려는 것인 듯
허옇게 얼굴을 쳐들고 아우성을 쳤지만
그 정낭*의 처마 끝에 꽂혀있는 여러 장의 부고들.....

*화장실의 경상도 사투리

김환식: 시와반시 등단. 시집:<낯선 손바닥 하나를 뒤집어 놓고>.

꽃담花草墻

김형덕

다듬이 소리에 감실감실 별이 돋는다
뙁막살이* 찢어진 문설주에 달은 조각으로 든다
달의 가슴팍을 보라
우리 집 흙 담에 뒹군 흔적..
여린 봄나물 같은 흙 담을 넘지 못해서가 아니다
달은 나보다 먼저
흙 담과 정분이 텄다

서녘 햇살,
황토 빛 황벽나무를 끌어안았다
누마루* 층대 돌에
꽃버선처럼 앉아 듣는 다듬이 소리
뭉근히 끓이는 된장국 냄새가
흙 담 틈새로 샌다
흰죽 논*의 벼 털어 지은 밥상에
당신을 부르면
해맑게 찾아오는 모습
나는 오늘밤 당신과 꽃잠*에 들 듯 하다

비석치기 돌로 심심해서 쌓은 담
창도, 지붕도, 서까래도 없는

초라한 한 칸 띠 집
허술한 흙 담에
다보록한 민들레
나의 꽃담 너머로 당신이 그립다.

* 똥막살이: 아주 작고 볼품없는 집
* 누마루(樓-): 다락처럼 높게 만든 마루
* 흰죽논: 흰죽 한 솥에 논 한마지기로 가치가 형편없는 논
* 꽃잠: 신랑 신부의 첫날밤

도라지

당신도 잊은 나의 뜨락에
하늘이 결핵으로 누워 창백하고
암노루 한 마리 기침 소리에
저도 모르게 하얗게 눈물 흘리는
꽃이 있나니
당신의 두 손 짚고 선 창가에서
한 번 만이라도
영원한 사랑의 의미로
하얀빛 순결의 입술을 주시면 어떠할지요?

황달 짙은 노을 머리맡에서
엄동엔 실 발가락 땡땡 얼어붙고
하지엔 잎들 어긋나게 벗은 몸을 가리고저
뜨거운 길바닥에 쪽 발로 아스라이 섰다가
누런 가래 끓는 나의 임파선으로 들어와
목이 쉬도록 당신 이름 부르던 바로 그 흔적에서,
안타까운 그리움의 그 흔적에서
한 번 만이라도
영원한 사랑의 환청으로
보랏빛 뜨겁게 나를 부르면 어떠할지요?

인동초忍冬草

해후름*,
인동초 한 포기
모질게 겨울나다
하얗든 얼굴
노랗게 뜬 채
가지에 얼어붙은
꽃 입술마저
오늘도 그리운 그대 앞에
오스스 떨고 있다

*해후름: 해질녘의 전라도 사투리

천남성天南星

보고 계시나요?
난, 오늘 아침 축축한 산길에 핀 천남성을 보았습니다
흑보랏빛 짙은 농담으로 에둘러 피었고
연백색 감도는 꽃무리마다
오월 햇살처럼 따뜻하게 피었습니다
하지만, 뜨겁게 한 여름이 지나가고
당신의 외로운 등골 따라 바람 많이 부이는
어느 가을이면…
난데없는 추위에 못내
후둑후둑,
어지럽게 다 지고 말 것 같았습니다

보았습니까?
오늘 밤에는 천남성 꽃 핀 가지마다
별이 와르르 쏟아져 내렸습니다
창백한 청 빛 수정 같은 별들이
바람에 날리는 겨와 같이 그렇게 흩어져 내려앉았습니다
하지만, 짙은 밤을 지나 새벽이 오면
서릿발에 밟히다
당신 인생을 모질게 태운 잿빛 주름 사이마다
알알이 보석처럼 박히고 말 것 같았습니다

알고 계십니까?

어느 날 아침이면 웃음 짓는 구절초 같은 당신 모습만
떠오르다
어느 날 밤이면 뜨겁게 짠 눈물로 흐르다
오늘 같은 밤이면 그리워 죽을 것 같습니다

김형덕: 부산출생, 경북대학교 대학원 졸업, 문학박사. 현, 전문번역가.현대시문학 등단. 문학박사. 현 편집장.

실상사의 봄

남상욱

화창한 봄 지리산 둘레길
오르고 내리고 굽이굽이 돌아나니
동으로 강물 흐르는 넓은 들

그 옛날 신라와 백제군, 왜와 관군이 지났고
최근에는 공비와 토벌군이 맞서던 길목
긴 역사의 어둠 끝에 실상사는 밝다

석장승 체온 따스하고
험상궂은 사천왕들도 오늘은 온화한데
매화꽃 그늘 노란 산수유는 신록을 빚고

천 년 전 범종을 떠난 종소리
아직도 메아리치며 뭇 생령을 제도하는데
잘 닦인 신라 보물 철불鐵佛이
나란 생각은 실상實相이 아닐 것이니
허상을 여의고 참모습을 찾아야 하느니

냇물과 산새울음 어울린 봄의 합주
아스라이 하늘에 걸린 천왕봉
계절의 바퀴를 굴리며 해탈교를 건넌다.

오월의 하루

앳된 신록이 밀물지는 산
벚꽃이 진다고 산비둘기 우는데
꽃잎 떠가는 강물 따라 백구는 여유롭다

선홍빛 철쭉에 사랑이 싹트고
팥배나무 흰 꽃이 재촉하는 성하로 향해
손잡은 연인들 걸음걸음 풋풋하다

눈에 넣어도 아프지 않을 손녀 앞세우고
춥지도 덥지도 않은 맑은 날에
깨끗한 노부부 산책길에 꽃잎이 수 놓였다

일월은 쉼 없이 우주를 순항하고
밤하늘의 뭇별들도 제자리가 있듯이
꽃과 함께 찾아온 오월에

연못가 정자에 앉았으려니
라일락꽃 짙은 향기 실은 미풍에
취한 듯 졸음이 오지만

사방 널린 꽃이어도 물리지 않는데

이 세상의 값진 것과 먼 천상의 지복도
지금 숨 쉬고 눈과 귀 열렸으므로
모두가 나의 것이로다.

남상욱: 현대시문학 등단. 시집:<한그루 장송처럼>. 현대시문학상 수상.

잠

도리천

밤에 시를 쓴다
어두운 밤에 시를 쓴다
생계를 위해 바쁘게 뛰었던 몸
잠시 편히 뉘어 놓고
어두운 밤 잠자리에 들어 시를 쓴다.
불면의 잠 뒤척이는 시간
그 시간에 잠시 시를 쓴다.

밝은 낮에는 시가 나오지 않는다
머리가 너무 혼잡하고 혼미하고 혼돈되어
맑은 시가 나오지 않는다
까만 밤 까만 방에서
머리가 한층 맑아지므로
별과 같이 반짝이는 시가 나온다.

눈꺼풀

아무리 힘센 력발산 장사라도 잠이 올 때
가벼운 눈꺼풀 들어 올리지 못한다 하네.
도인 달마대사도 오는 잠 참기위해
눈꺼풀 떼어내고 공부하였다 하는데
지금 선원에서 눈꺼풀 떼어내고
참선 수도하는 자 누가 있나요.
사람 만나지 않으려는 각오로 눈썹 깎고
불경 수학하는 자 누가 있나요.

고시생이 눈썹 깎고 공부하여
시험에 합격한 일 많이 있는데
지금 학원에서 눈썹 깎고
공부하는 학원생 누가 있나요
오는 잠 쫓으려고 송곳으로 찌르며
공부하는 수험생 누가 있나요
눈꺼풀 눈썹 떼어내고 모 찌르면 공부하여
성공에 실패한 사람 누가 있나요.

도리천: 중앙일보 신춘문예 시조 등단.

5월 신록新綠

마광수

아, 이 무슨 엉뚱한 기적이랴
한겨울 내내 죽어있던 이들의
팔뚝마다 힘이 솟아나
하늘 보고 두 팔 들어
목청껏 합창하고 있음은.

살아있는 것들은 다 죽고 죽어
결국은 돌아올 수 없는 먼 피안(彼岸)으로
떠나고 마는 지금
어째서 나무는 저리도 끈질기게 살아

해마다 지겹도록 다시 살아
죽어가고 있는 우리들,
죽고 싶어하는 우리들을
당황하게 하는가.

저 무섭고 두려운 억겁(億劫)의 윤회로
우리를 미리부터 겁주려 하는가.

제발 도로 죽어다오, 나무야 나무야.

가을 비 감옥 속

한 평짜리 독감방
감옥 속에 앉아
늦가을 비 떨어지는 소리를 듣는다
짭조롬한 감상(感傷)을 즐기기엔
내 신세가 너무나 처량하고
억울한 구속에 분노하기엔
빗소리가 너무나 달콤하다
감옥 안은 꼭 자궁 속같이
작고 음산한데
아니면
무덤 속 작은 관(棺)같이
어둡고 침침한데
그리워할 여인 하나 없이
이 그로테스크한 고독을 때워 나가야 하는
인생의 어이없는 불가사의여
빗소리는 더욱더 처량하게 들려
으스스 요염무쌍
섹시하게도 들려
어느 야한 처녀귀신이라도
나타날 듯한 분위기인데
좌우를 둘러봐야

아무도 없고
20촉 형광등만이
바보같이 청승맞게
높푸르구나

마광수: 현대문학 등단. 시집: <광마집> 등.

달력을 보다

박병일

謹賀新年

새해에도 건강하시고
국민연금건강보험료
마을금고은행농협이자반상회비면허세
가게세전기세교육비수도세도시가스
휴대폰사용료전화세재산세교통위반범칙금
과외비식비지방세오물세아파트관리비
자동차기름병원비약값동창모임년회비
자동차세등등똥세......등등 밀리면 안됩니다

....

휴우 땀난다
하엿튼 복많이 받으세요
땀나는 세월 부디 건강하셔야된다고요

환장하겠지만 아셨죠 여러분.

비雨오는 날의 단상

울어봐라
눈물이 왜 아픈지

헤어져 이별 뒤에는
눈물이 얼마나 아프고
소금처럼 짠지……

울어라
울어보고 말해라.

우리 동네에는 작은 다방 하나 있다

우리 동네에는 작은 다방 하나 있다
손님들은 사내 없이 혼자 사는 다방주인 여자를 공주라 부른다
오늘은 아침부터 자꾸 엉덩이가 아프다고 하는 걸 보면
아무래도 수상하다

분명 어제저녁 친구들과 술 한잔하러 갔다 왔다고 했는데
그 밤 뭔일이 있었는지
아침부터 모기 핑계대고 엉덩이가 아프다고 난리다
그저 삶이 무의미해서 없는 남편 핑계대고
밤 몰래 연애질이라도 한 것 아니냐 물어보면
극구 공주는 아니라하구 한다
아무튼 수상하다 공주가 허허

술에 취해 비틀거리는 다음 날은 공주가 다방 문을 열지 않는다
속이 쓰리고 아프다는 핑계로 마음이 아프다는 말을 않는다
사내가 그리워 밤 새 술을 마셨다고는 짐작이 가면서도

왜 사내가 없어 마음 아픈지도 여전히 알바없지만
오늘처럼 껄떡 사내들이 차 배달을 불티나게 시키는 아침인데도
공주는 오늘 쉬는 날이다

고기비늘을 단 얼굴로 선원 김씨가 커피를 마시러 올 시간인데
해가 중천인 아직도 공주네 다방은 문이 닫혀 있다
아무래도 어젯밤 사내가 그리워 뒤척이다 엊 저녁 밤 모기에게 물린 것 같으다

값싼 인생살이라 빡시게 살아야 한다고 입버릇처럼 중얼 거리는
사내 없는 공주라서 더욱더 가끔은 모기에게 물리고 사는듯 싶다
다방 공주가 쉬는 날은 모른 체 하면서도 손님들은 다들 궁금해 한다
또 엊저녁 술을 마셨거나 모기에게 물렸다고 문 닫힌 다방을 보고 관심 있게 짐작들 한다

그러고 보면 참 알다가도 모를 일이지
왜 남자나 여자나 짝이 없고 사랑 할 사람이 없으면 못 참아서 환장하는지
솔직하게 말해 공주를 욕하지 못하는 이유 중 하나라 해야지
공주가 다방을 쉬는 날은 수상하다 생각이 들면서도
그래 혼자라서 못 참아
어떤 사내랑 전날 밤 섹스를 찐하게 했을 것이라 이해하고 넘어가는 거지
주인 혼자서 종업원 없이 커피배달을 하는 공주네 다방은
오늘도 농담 섞인 진담으로 문이 열리고 닫힌다.

박병일: 60년 영덕 영해 출생. 1993년 월간 문학세계 등단. 현 한국문인협회 회원. 국제 펜클럽 한국본부회원. 경북문인협회 회원. 포항문인협회회원. 영덕문인협회회원. 시집 :1997년 “아내의 주량은 소주 한 홉이다”. 2003년 "내게 참 좋은 세상 애인 한 명쯤 더 두고 싶다"출간.

구기목화拘杞木花

박영섭

어진 농군 등허리 따갑도록
쏟아지는 땡볕에 곁눈질만 하다가
접지 못한 미련으로
휘늘어진 가지에 여미는 拘杞木花
붉그스레 떠오르는 태양에서
향기를 드러내는 그리운 꽃이어라

한 조각 슬픈 미소에도
흔들리는 꽃이라
그저 바람에 스칠까 애태우며
인고의 시련에서 자주빛깔 드러내고
삶의 상처 다스리며
마을 어귀 장승 할배 곁에서
천 년을 그렇게 버티려나 보다

아침이슬 머금은 한 줌 햇살에
새순바래기 푸른 영혼에서 떠오르다
붉은 열매 여물으니
굳어가는 육신이 도드라져
사대삭신 보약이 되어 진 너의 삶
정녕, 세상에 태동한 소명일레라.

구기목화 (가지과에 속하는 구기자. 낙엽관목)
마을 근처 둑이나 냇가에서 자라며 우리나라 곳곳에서 볼 수 있다.
줄기가 옆으로 비스듬히 누워 자라고 줄기 끝은 아래로 약간 처진다.
잎은 어긋나거나 모여 나며 잎 가장자리는 밋밋하다.
자주색의 꽃은 종처럼 생겼으며, 4송이 정도가 무리지어 핀다.

천문산

햇살을 가려주는
구름위에 서서
자연이 만물을 쌓았다
허물을 벗겨내니
병풍처럼 펼쳐진 천문산

하늘가에 맞닿은
흘러가는 운하의 곡선은
신비함 더해가는
장엄한 풍경 눈을 감아도
환하게 아름답다

천 년 세월을 지키며
바위틈 사이로
뿌리를 틀어쥔
세월을 짊어진 낙락장송
굳센 삶의 의지를 만나고

뿌연 안개에 가려진
신이 만든 비경의 기암괴석
너를 바라봄은

지친 삶의 고픈 숨을
잠시 고른다.

세월의 강

그리움 물들이는
고향 하늘 들어서면 외진 곳에
묶여진 보고 싶은 동심의 향수
한 아름 품속을 파고든다.

정겹던 세상
아련한 저편의 세월 속에 일렁이는
애틋한 그 모습
지금은 다 어디로 갔나?

반복되는 일상에 떠밀려서
숨 가쁘게 달려온 청춘
가는 세월 무상함을
달래 보며 덧없는 삶의 그늘에서
빈 가슴만 넘친다

한 조각 구름처럼
흘러가는 것이 우리네 삶이 아니던가?
다시 돌아갈 수 없는

아득한 옛 추억 세월 속에 묻혀진
나그네의 아픔이어라.

박영섭(다솔): 소로문학 등단. 대전광역시 거주. 한남대학교 국문학과 문예창작전공. 한국문인협회 대전지회 회원. 충청남도 농업기술원 근무

겨울 속에는

배성희

겨울 속에는 언 새벽 강을 맨발로 건너는 욕심 없는 눈송이가 살고 있는데
들창을 열면 언 강을 건너다 말고 자주 뒤돌아보다 그만 길을 잃은 철없는 눈송이도 눈에 띄는데

고독이라 이름 붙이어진 그들,
하잘 것 없어서 더 애틋한 그것들
겨울 속에는 두텁고 단단한 새벽 강을 둥지느러미 위에 얹고 사는 이름 석 자 다정한 물짐승들도 있는데

한 겹 물길 아래 또 한 겹의 물길 겹치고 그렇게 첩첩 쌓인 물길 따라 흐르다가 어느덧 다순 봄의 문턱까지 거침없이 흘러드는 참을성 많은 목숨들이 낮은 숨소리로 살고 있는데, 살아있는데

새벽

멀리서 투욱, 얼음 트는 소리 들렸다. 그 겨울은 유난히 분주하였다. 신문기사 속 청중의 유형은 늘 둘로 나뉘어졌다. 이분법에만 익숙해진 사람들의 목청도 높거나 혹은 낮았다. 그때 마다 나는 머릿속의 소리들을 지워냈다. 지워내다 보면 남은 침묵까지도 하얗게 바래지고 없었다. 눈은 보름 가까이 퍼부었다. 혹자는 겨울다운 겨울이라 말했고 대부분의 사람들은 거친 욕설을 해댔다. 눈은 처음엔 지붕을 덮고 좁은 골목과 로터리를 장악하더니 슬슬 문턱까지 넘보기 시작했다. 겨울은 반밖에 지나지 않았고 지친 사람들은 서서히 목이 쉬어가고 있었다. 눈은 낮에도 쉬이 녹지 않았으나 발을 넣어보면 구멍 숭숭 속앓이를 희고 서늘한 옷자락 속에 감추어두고 있었다. 약속했던 보름은 거의 다 채워지고 낮은 목소리 주株가 이따금 상한가를 치기도 했다. 골다공증이 심해지면 쌓인 눈은 알게 모르게 키를 낮췄고 점점 더 낮은 곳으로 흘러내려 밤마다 꽝꽝 얼어붙었다. 그리고는 끝내 쩌억, 둘로 갈렸다. 이제 곧 아침이 오리라는 예감이 얼어붙은 문지방마다 호외號外로 펄럭였다. 겨울은 필경 저무는 모양이었다.

배성희: 현대시문학 등단. 시집:<그들의 반란>.

욕심
송선자

얻으려 하지 말자
가지려 하지 말자

얻는다는 것
가진다는 것

되돌아보면 부질없이
손에 잔뜩 움켜진
생살 도려내는 붉은 피와 같은 것

갖고자 하는 욕심과 집착
쓰디쓴 웃음의 심술
만 가지 형상으로 일어
타오르는 질화로

얻는다는 것
갖는다는 것

고요한 한 생각에 머물면
쥐었다, 폈다,
하는 줄 모르게 흩어지고 마는
시간의 하얀 서리꽃 같은 것

밀레의 만종

자욱한 안개비 어디로 흘러가는 것일까?
비를 맞고 서서 몸부림치는 운명은 어찌 되는 것일까?
처음 만나 사랑할 때는
남북통일 같은 큰 소망이 아니었을 거야.
그들이 추구 하는 건 신의 축복이라 믿었던 그 사랑을
평생 은혜 하는 마음으로
건강하게 지켜가는 일이였을 거야.
그들은 세상에 태어난 의미를 서로에게 부여하면서
영원히 사랑하리라 맹세했을 거야.
바람이 불어도 뽑히지 않을 거라 여기면서 말이지.

그런데 지금 고개를 들어 현실을 직시해봐.
마음 안에는 고개 떨군 울분.
되돌려 성형 할 수 없는 슬픈 신경 안정제들이
여기저기 땡 그런 눈을 뜨고 서로를 노려보듯 앉아 있어.
밤과 낮을 잊은 원망을 비수처럼 품고서.
왜 그렇게 되었을까?
세월이 그들을 속였을까?
서로가 사랑을 안 함으로 유괴해버렸나?
아님 더 큰 사랑을 원했던 것일까?
그들은 잊고 지내고 있었던 거야.

사랑도 물을 주지 않으면 시들어 죽어 가고
바람을 이기지 못하면 뿌리가 뽑힌다는 것을
또한 끝없는 애정과 이해하는 마음으로
서로를 보듬어 안고 살아내야 하는 노력
사랑도 웰빙이 필요한데 말야.
그들의 창문이 꿈꾸던 기억을 끝없이 찾아야 하는데
말이지
그 동안 몰랐던 거야.
혼자서는 결국 그려낼 수 없는 게
밀레의 만종이라는 것을…….

송선자: 2006년 현대시문학 시등단. 2008년 랭보문학상 수상.

나무의 우물

송유미

길상사 겨울나무 속으로 들어간다는 그 남자의 편지

나는 그 편지를 품고 잠이 들었다 꿈속에서 겨울나무는 출렁출렁 우물로 걸어왔다 걸을 때마다 집들이 넘치고 도시가 넘치는 그 남자의 겨울나무 나는 그의 우물 속으로 깊이깊이 걸어 들어갔다 김이 모락모락 올라오는 그의 우물이 내 가슴에도 고여 왔다 그 깊은 우물 속에서 내 전생의 계단을 내려갔다 구절초 같은 그 남자의 미소에는 내 전생의 귀소(歸巢)가 보였다 깊이 밟으면 내려앉을 다리 위의 집 우린 삼천 번 옷깃을 스치고 집이 되어 만났다 몸은 숨겨도 마음은 숨길 수 없었던 세상의 싸리문들 우리는 잎을 다 떨군 겨울나무 속에서 삼투하듯 서로의 몸속으로 스며들었다 그 남자의 눈빛은 점점 투명한 우물이 되었다 그 남자의 우물 속 그가 보았다 겨울나무가 내 마음의 우물을 팠다 이심전심(以心傳心) 그림자처럼 그 남자의 우물은 내 거울이 되었다 길상사 앞마당에서 그가 보았다는 겨울나무 내가 한 번도 가본 적 없는 길상사의 겨울나무가 내 가슴에 옮겨졌다 흘러넘치는 우물 속에 흘러가는 물거울 같은 이 정표들 나는 그 남자의 우물 속으로 들어갔다 세상의 마지막 쉼터인 그 남자 심장 부근에서 넘쳐

흐르는 울음이 눈물되어 흘렀다 나의 울음과 눈물은 그 남자의 우물 속에서 넘쳐흘렀다

비늣물 떨어지는 단어를 찾다

봄의 뜻을 찾기 위해 사전을 뒤적인다 '보'와 '봄' 사이에 얼마나 많은 낱말이 숨어살던지 그 계단 사이에 내가 모르는 말이 이처럼 많이 살아 있다니 말뜻도 모르고 써버리는 말 몰라서 쓰지 않았던 말 봄 하늘로 흰 나비 떼처럼 날아오르는 갈기 선 말

오선지 위를 옮겨 다니며 높은 곳을 찾아 걸어 두었던 희망의 음표…… 기쁨의 반 박자들 …… 온전한 기다림을 위한 쉼표를 그려 넣으려 정신없이 뛰어다니다가 고무신을 잃고

행 구분 없는 시처럼 휴지(休止)를 모르는 삶을 끼적이다가 눈이 지껄이는 소리를 듣다가 물로 연명하는 콩나물 같은 통통 살이 오른 단어를 사전에서 뽑다가 저비자나무 비명처럼 튕겨나가는 받침들

'겨울'과 '봄' 사이 나도 모르는 터널이 뚫려 있었다니 이렇게 좁은 행간 사이에 시간의 기적이 울렸다니 비늣물 뚝뚝 떨어지는 낱말을 사전에서 고르다가 문득 하늘의 손수건을 조각조각 물어 나르는 비비새를 본다

목탄으로 그린 세발자전거가 소리 없이 굴러 내 안으로 달려오는 아니 지워지고 마는 저 봄 글자 속의 낯선 하루

유리에 맺힌 눈물

흰 눈이 내린다 점점 투명해지는 창이다 다음 창을 닦으면 또 한 장의 현란한 전광판의 메시지다 북북 팔이 아프게 문지르다 보면 쩍쩍 금이 간 살얼음판이다 꿈을 잘못 닦아온 세월탓인가 닦을수록 첩첩의 안개 속에서 뼈만 앙상한 겨울나무 한 그루 높은 빌딩의 훅훅 몰아 쉬는 거친 숨소리 들으며 제 흔들리는 모습을 닦고 있다 유리의 뼛속까지 아프게 닦다보면 유리에 알 수 없는 눈물이 또르르 맺힌다 유리의 몸속에 유리를 만드는 이슬이 살고 있었다니 흰 눈이 생각도 없이 펑펑 내린다 내 하얀 콧김 투명한 유리에 닿아 성에꽃을 피운다 누군가 손슴이 아리도록 피 묻은 하늘을 닦고 있다

송유미: 심상 등단. 2002년 경향신문 신춘문예 등단. 제16회 전태일 문학상 수상. 시집:<백파를 찾아서>.<살찐 슬픔으로 돌아다니다>. 제16회 부산국제영화제 피프 평론가로 선정 등.

달

신부웅

하늘을 열었다
땅과 손잡기 위하여

천고의 인내로
열었다.

풀섶의 공간
바람의 무늬
시간의 얼굴

그것들을 위하여
하늘을 열었다

그리고
아주 멀리보다
멀리

혼자서만 간다
달은.

여행

산 비알
사람이 있나 없나
들여다봐야 하는

어느 집

그 집
냉장고

묵은지 먹다 남은
김치 그릇

오래된 간장

그러나
윗칸에는

언제 올지 모르는
'내 새끼' 줄 돼지고기 한근이
얼고 얼어 있는 집

밤에는
전등불 하나

아깝게 켜져 있어
그 곳에 가고 싶게 하는

그런 집
대문을 기웃거려 보는
여행을 하고 싶다.

그 길에는

얼마나
아름다운 야생화가

얼마나
아름다운 세월이

얼마나
아름다운 이야기가

땀 흐르듯
눈물 흐르듯

피어 있으랴?

신부웅: 「현대시문학」 등단.

선재의 숲길을 가노라 사랑하는 이여

벽천 신선희

선재의 숲길을 가노라
사랑하는 이여!
산을 지나고 들을 지나
붉은빛 해당화 활짝 반기는
나의 집 들어 설 때까지
평안도 고뇌도 없는 길을
가야하고 가고 있다오

그 곳 나의 본향이 있고
차마 산을 넘지 못하고
산허리에 메인 부엉새
두 눈이 붓도록 울어도
흔하지 않게 누구나 살지 않는
그 곳을 가는 이유를
오늘밤엔 묻지 말아주오

사랑하는 이여!
새날이 밝아 내일이 오면
하얀 찔레꽃 향기 품은 당신
가슴에 푸른빛 물들이고
원추리 만발한 내 뛰놀든 저 언덕에 이르러
내 님 위하여
천 년의 사랑을 노래하려네.

신선한 바람이 되고 풀꽃이 되어 봐요

높이는 못 날아도
공성의 울림으로
들려오는 까치 소리
눈을 감고 가벼운 공기 되어
내려다보는 연습을 해요

지천으로 핀 이름 없는 풀꽃들도
밝음의 에너지를 향해 움직이고
창가 놓인 수선화 꽃잎들도
들판의 푸른 보리도
태양빛 향한 몸짓으로 우주를 노래해요

전체가 어디로 가고 있을까요
하늘이 가까이 내려 앉아
더 밝고 맑아진 시공간에
생존하는 우리 곁 생명의 존재들
아픔 기쁨 슬픔 환희의 소리 들어봐요

비바람이 몰아치고
천둥 번개가 저 머나먼 파도를 넘어
찰라 의 멈춤이 있을지라도

밝지 않은 나를 바꾸는 생명의 시간일지니
멈춤 없는 우리의 마음을 다스려가요

다차원 도약을 위한 머~뭄이 있을 뿐
아침이슬 머금은 풀잎 끝에 선경세계 있고
한 생각 속에 끝없는 상고시대가 펼쳐지듯
새벽의 밝음이 다가올 때까지 눈을 감고
우리 신선한 바람이 되고 풀꽃이 되어 봐요

주: 선재(화엄경에 나오는 참 법을 구하기 위해 63인의 선지식을 찾아 세상의 사람들을 찾아 다시 본래 자리로 돌아 왔을 때 이미 본인이 부처였다는 것을 알아차리는 선재동자/ 즉 참 사람의 근본을 구하는 자)

찔레꽃핀 5월

오늘의 영원을 찾기 위해
오고 가는 이들
사진 속으로 들어왔다
흐드러지게 핀 산야초 향기는 허공에 날리고
나폴레옹 행운의 네 잎 크로버
연보라 토기풀밭에 점을 찍는다

당나귀가 사탕을 먹고
햇 풀을 뜯고
흔들리는 바람의 높낮이는 음율이 된다
연병장에 줄선 병사처럼
소리 없는 소리로
날개 짓하는 네 잎 크로버는 자기 무게의 삶

물푸레나무 위로
경이로운 장관을 연출한
백조의 흰 군무의 춤사위
한 찰라도
호흡 한 점 쉬어 본 적 없는
지구 어머니 가슴팍을 비비고 파먹고

유전해 온 들꽃과
잡은 손 놓질 않는 연인들과 철새들

하늘의 배려는 우리가 언제나 함께 한다는 것이지
변화가 왔을 때 잡을 수 있는 사람
행운의 크로버는
준비 되어져있는 자신을 보고 있는 이

시간도 공간도 사멸해 버린 고요의 적정
오렌지 노을의 블랙홀로 빠져버린
찔레꽃핀 5월
다차원 스펙트럼 빛 속으로
들꽃향기 스며드는 영혼의 목욕
태고의 시절부터 파노라마 영상은 기차처럼 지나간다.

신선희: 현대시문학 등단. 영문학박사.

버림받다

신혜정

앞은 뿌연 연기뿐이다. 도대체가 눈을 뜰 수가 없었다. 하지만 나는 달려야 했다. 그래야만 했다. 그래야만 하는 줄 알았다. 계속 내 앞을 나보다 먼저 달려가는 저놈을 따라 달리다 보니 뿌연 연기가 차츰 사그라 들고 다리에 힘이 풀린다. 8개월 동안이나 내 목에 꼭 묶여져 있던 마치 숙명과 같던 목걸이를 풀어주던 바로 오늘 주인님은 처음으로 내게 목을 간지럽히는 산들바람을 선물해주었다. 나는 힘차게 꼬리를 흔들며 주인님에게 안기려 했지만그만 나를 세차게 떠미시더니 바로 저놈을 타고 계속 앞으로만 달려가고 있다. 그래, 저놈의 속도는 점점 가속되어 도대체가 지칠 줄을 모르는 것 같았다. 내 다리의 힘이 점점 빠져 나갈수록 앞을 가리던 뿌연 연기가 점점 엷어져 갈수록 괴물과 같은 저놈 안의 주인님이 보이기 시작한다. 무엇이 그리도 즐거우신지 막 웃고 계신다. 그래, 나도 잠깐 따라 웃다가 갑자기 눈물이 고인다. 이윽고 그 주인님을 태우고 가던 그 괴물은 점이 되었고 도로변에 웅크려 있는 내게도 또 사람이라는 동물이 찾아왔다. 가여운 눈빛으로 내게 이리오라 손짓을 하는데 나는 주저 없이 달겨들어 그 손가락을 물어뜯었다. 비명을 지르던 그 사람은 두 눈에 불을 켜고는 그렇게 다시 반대편 도로변으로 나가 떨어지니 또 앞은 뿌연 연기뿐이다.

사다리 오르는 여자

지금 그녀의 앞에 사다리가 놓여졌다. 아니, 정확히 말하면 하늘에서 뚝 떨어졌다. 왜 자신에게 사다리가 주어졌는지 그 누구를 잡고 따질 수도 없는 노릇이다. 사람은 주어진 일을 회피해선 안 된다고 한다. 그래서 그녀는 메마른 입술에 침을 한번 쓰윽 바른 뒤 한 발짝 한 발짝 사다리를 오르기 시작했다. 그녀가 한 살 때 처음 걸음마를 배우는 기분이 바로 이랬을까? 굳이 자신에게 주어진 사다리이기에 무언가 특별한 의미가 있을 거라 단정한 그녀는 조심스럽게 그리고 정성을 들여 사다리를 하나씩 밟아 나갔다. 그런 와중 문득 이상하고 심히 의심스러운 생각이 머릿속을 스쳤다. 이제껏 힘들게 한참을 사다리를 오르는데도 도무지 끝이 보이질 않았다. 그제서야 그녀는 고개를 들어 사다리의 끝을 보기 위해 하늘을 올려다보았다. 아득하기만 한 하늘의 끝과 사다리의 끝은 보이지 않았다. 그러니까 한마디로 없었다. 그녀는 자신이 어느 사악한 무엇인가에 속았다는 생각이 들어 그 끓어오르는 분노를 참을 수가 없었다. 누군가가 나를 속였다. 누군가가 나를 조종했다. 끝이 없는 사다리를 오르도록 나를 기만했다.

그녀는 꽃처럼 붉은 눈물을 흘리며 순간 사다리 오르는 것을 멈추곤 깊은 생각에 빠졌다. 자신을 조롱한 자에겐 아주 멋진 기만을 선물해 주는 것이 자신을 위로할 수 있는 유일한 방법이라는 생각이 들었다. 이제부터 그녀는 지금껏 올라온 사다리의 아래쪽은 절대로 처다보지 않기로 했다. 확실히 아래쪽을 보지 않기 위해서 그녀는 그녀의 맑은 두 눈을 손가락으로 찔러버렸다. 그리고 그 누군가가 지켜보라는 듯이 한 발짝 한 발짝씩 사다리를 내려오기 시작했다. 그 무엇보다도 조심스럽고 정성스럽게 사다리를 밟아 내려왔다 긴 시간 올라온 만큼 사다리의 밑은 도무지 다다를 수 없을 것처럼 느껴졌다. 그래서 그녀는 매미를 입술에 침을 한 번 쓰윽 바른 뒤 끝이 없는 사다리를 내려오는 것을 결고 멈추지 않았다 그냥 다시 끝이 없는 사다리를 올라갈까하는 회의도 잠시 들기도 했지만 그녀에게 중요한 건 자신의 단단한 결심이었다. 소문에 따르면 아직도 그녀는 끝이 보이지 않는 사다리를 내려오고 있다고 한다. 그런 어느 날 내 앞에도 꿈과 같이 긴 사다리 하나가 주어졌다. 나는 저 하늘 끝에는 무엇이 있을까 하는 참을 수 없는 궁금증으로 이 사다리를 오를까도 잠시 생각해보았다. 하지만 아직도 사다리를 내려오고 있을 그녀의 붉은 눈물을 상기하며 마지막 결정을 내린다. 집 안 구석에 쳐 박혀 커다랗고 시퍼렇게 녹이 쓴 도끼 한 자루를 들고 우선 나에게 나타난 사다리 앞으로 간다. 그리고는 사정없이 사다리를 큰 도끼자루로 내려찍었다. 그 웅장하던 사다는 하염없이 무너져 내려졌고 나는 마음이 왠지 서글퍼짐을 느꼈다. 그리고는 이제 아직도 사다리를 내려오고 있을 그녀를 찾아 떠날 것이다. 내 키

보다도 더 크고 내 몸무게만큼이나 되는 커다란 도끼 한 자루를 어깨에 메고선 말이다

내 귀에 도청장치

나는 꽤 오랜 고심 끝에 병원을 찾아갔다. 그것이 문제였다. 언제나 문제는 내가 일으키고, 또 내가 일으킨다. 그리고 생각은 인간을 병들게 하는 것 같다. 검은 뿔테 안경을 치켜 올리며 의사는 말했다. 어디 아프신가요? '모두 다요.' 라고 말할 뻔한 나는 재빨리 내 입을 막아버린다. 그리고 나의 가장 중대한 아픔을 이야기하기 시작했다. 언제가부터 내 귀에서 원치 않는 소리가 들려요. 한 여인의 울음소리 같은데 그 소리가 너무 처절하게 들려와요. 쉼 없이 울어대는 울음소리는 마치 리듬을 타고 있는 것 같아요. 맞아요, 리듬. 소름끼치도록 완벽하게 규칙적인 리듬이요. 무슨 연유로 그 여인이 그리 슬픈지는 모르겠지만 그 서러운 울음 속에는 살고자 하는 강한 리듬이 있어요. 숨넘어갈 듯 울부짖다가도 산소의 공급을 위해 다시 숨을 고르고 또 산소의 공급이 충분히 이루어졌다 싶으면 다시 그 산소를 소모하기 위해 숨넘어갈 것 같이 또 정신없이 울부짖고 차라리 그냥 그렇게 계속 울다가 산소의 차단으로 죽어버릴 것이지 저렇게 악착같이 살기 위해 울어대는 그 여인이 미워서 견딜 수가 없어요. 또 그 숨막힐 듯한 정교한 리듬의 반복도 그렇고 어쨌든 너무 괴로워요. 제 아픔을 치료해 주세요. 의사는 급히 두꺼운 의학 서적을 뒤적이더니 자신만이 모든 해결방법을 찾아낸 듯한 거만한 표정으로 내 귀에 작은 칩 같은 것을 달아 놓았다. 그 칩의 용도에 대한 설명은 일체 없었고 다른 사람에게는 보이지 않을 테니 걱정하지 말라고만 했다. 이 의사도 다른 사람을 신경 쓰는구나. 병원을 다녀온 뒤로 신기하게도 그 여인의 울음소리는 더 이상 들리지 않았다. 그러나 문제가 해결된 것은 아니었다. 이제는 정신없이 깔깔깔 웃어대는 여인의 소리가 들려왔다.나는 지체없이 다시 그 병원을 찾아갔다. 그 놈을 찾아갔다.검은 뿔테 안경을 치켜 올리며 의사는 말했다.어디가 아프신가요?'모두 다요.'라고 말할 뻔한 나는 재빨리 내 입을 막아버린다. 그리고 나의 가장 중대한 아픔을 이야기하기 시작했다. 그 이후로부터 내 귀에서 또 원치 않는 소리가 들려요. 한 여인의 웃음소리 같은데 그 소리가 너무 확실하고도 선명하게 들려와요. 쉼 없이 웃어대는 그 웃음소리는 마치 리듬을 타고 있는 것 같아요. 맞아요, 리듬. 소름끼치도록 완벽하게 규칙적인 리듬이요. 무슨 연유로 그 여인이 그리 기쁜지는 모르겠지만 그 즐거운 웃음 속에는 죽고자 하는 강한 리듬이 있어요. 아주 유쾌하게 깔깔깔 웃어 제끼다가도 막 숨이 막히는지 기침을 해요. 그리고는 다시 산소의 공급이 채 이루어지기도 전에 다시 깔깔깔 웃기 시작해요. 그렇게 즐거우면서도 왜 그리 쉼 없이 웃어대는지 차라리 그냥 그렇게 웃으며 세상에서 가장 행복한 사람이 되면 될 텐데 저렇게 악착같이 죽기 위해 웃어대는 그 여인이 가여워 견딜 수가 없어요. 또 그 숨막힐듯한 정교한 리듬의 반복도 그래 어쨌든 너무 괴로워요. 제 아픔의사는 급히 두꺼운 의학 서적을 뒤적이더니 자신만이 모든 해결방법을 찾아낸 듯한 거만한 표정으로 내 귀에 넣어 두었던 작은 칩을 빼내었다. 이 번에도 그 칩의 용도에 대한 설명은 일체 없었고 다른 사람에게는 말하지 않을테니 걱정하지 말라고만 했다. 이 의사도 다른 사람을 신경쓰는구나.

그 이후로는 신기하게도 여인의 울음소리도 또 웃음소리도 아무 것도 들리지 않았다. 오랜만에 며칠 밤을 편히 잘들 수 있었다. 그러나 이제는 다른 소리, 정확히 다른 소리들이 들리기 시작했다. 그 무엇으로 규정할 수 없는 여러 가지의 소리를 내가 사랑하는 이는 바로 그것이 세상의 소리라고 했다. 하지만 나는 이제 세상의 소리를 듣게 되면서 더 아팠고 더 괴로워졌다. 잠시 나를 괴롭혀 주었던 그 여인의 소리가 갑자기 그리워졌다. 다시 그 소리로 살아가는 게 어쩌면 더 나을지도 모르겠다는 생각을 했다. 나는 꽤 오랜 고심 끝에 병원을 찾아 그 것이 문제였다. 언제나 문제는 내가 일으키고, 또 내가 일으킨다. 그리고 생각은 인간을 병들게 하는 것 같다.

신혜정: 2005년 현대시문학 등단. 시집:<너> 외.

반야심경般若心經

안병호

독경은 할머니 망막 아득한 곳에서부터 길게, 길게 풀려져 투명하게 떠돕니다.

마하반야바라밀다심경
摩訶般若波羅蜜多心經
할머니, 당신은 마하까지 초월하여 우주를 데웠기에 반야의 강을 건너 북망 언덕 바라밀다에 이르렀습니다. 당신에 대한 내 안의 심경心經*은 자주 마비가 되어 어두운 곳에 침잠된 적이 많았는데, 부끄럽게도 지금에 와서야 고요히 떠오릅니다.

오온개공 도일체고액
五蘊皆空度一切苦厄
할머니, 오온五蘊**이 모두 공한데 어찌하여 산 중생, 죽은 중생 마다않고 끌어안아 그들이 품어낸 화기에 심장 비장 다 데였습니까. 어린 손주 열병으로 사하여 가던 밤에도 가슴에 품어 넣고는 약방 문, 의원 문, 피가 붉게 배도록 두드리다 끝내 당신께서 입에 칼을 물고 춤을 추었습니다. 그제야 아귀들이 기겁하여 사라졌습니다.

색불이공 공불이색 색즉시공 공즉시색

色不異空空不異色色卽是空空卽是色

할머니, 당신 물상의 본질은 허공이며 허공이 곧 당신입니다. 종갓집 종부로 당신은 이승과 저승 사이를 흘러 다니며 위패 속 귀신들과 위패에 기대 사는 군상들을 평생토록 공양 했습니다. 당신은 있어도 없는 것이며 없어도 있는 것이고 살아도 죽었고 죽어도 살았으므로 무색의 허공입니다.

시대신주 시대명주 시무상주 시무등등주

是大神呪是大明呪是無上呪是無等等呪

할머니, 저녁이면 당신의 영혼을 스스로 장독대 정한수에 수장시키고 저승과 이승의 뼈들을 위해 크고 신비한, 무한하고 환한 주문을 술술 풀어내었습니다. 그러므로 이승의 뼈들은 더욱 편안하였고 저승의 뼈들은 더욱 견고해졌습니다.

아제아제 바라아제 바라승아제

揭諦揭諦波羅揭諦波羅僧揭諦

모지 사바하

菩提娑婆訶

할머니, 당신께서는 향불에 얹혀 아제, 아제 잰 걸음으로 피안에 도달하였습니다. 당신은 영원히 살아 불멸의 춤을 출 것입니다.

*심경心經: 진리의 핵심

** 오온五蘊: 색色, 수受, 상想, 행行, 식識

늦가을, 문양

휘파람을 허공에 띄우면
분절되어 날리는 음률,
이 계절은 대체로 망막에 영사된 쓸쓸한 후면입니다.

그늘진 바다 나무를 떠난 잎들은 내재율로 ,
사박사박 쌓이고
그 귀퉁이에서 서성대고 있는데,
젖은 새가 귓바퀴 근처까지 날아와 북편 별자리에
누군가의 유택을 마련하였다고 전해주었지만
내 영혼은 무덤덤해 못내 불편한 바람이 붑니다.
이런 밤이면 대개 무릎까지 강물이 흐릅니다.

코스모스 어지럽던 방죽을 뛰다가
허기에 쓰러져 바라보던 유년의 저녁노을,
조금씩 내리던 어둠,
나는 그때나 지금이나
영혼 하나 담을 유택을 마련치 못하였습니다.
평생을 집 없이 떠돌던 유진오닐도
이젠 프레스트 힐스에 유택을 마련하였는데
나는 여태 낯선 이들의 안부를 물으며 떠돌고 있습니다.
당신의 영혼도 혹 유랑하고 있습니까?
기억으로부터 혹은 아득한 시원으로부터

망막은 풍경을 필름처럼 풀어내고,
마지막 컷은 병실의 흐릿한 창입니다.
그리고는 이번 계절과의 이별이며 본적 없는 계절과의
만남입니다.
날벌레 몇 마리 부장품처럼 눌려진 낡은 수첩 귀퉁이
에
몇 줄 문장 더불어 잠들어 있습니다.
"어색한 도시의 언저리를 풀어내던 망막이여
그림자까지 충분히 살아 낙엽으로 흩날리고 있으므
로…."

가을 속으로 스며드는 새들의 눈에도
빗물 번지는 소리가 들리고
그즈음 영혼 하나 수척한 문양으로 떠갑니다.
전생을 아는 현세의 어느 환자처럼,
병동 옥상 아찔한 모서리를 도는 바람의 유영처럼

안병호 경남 김해 출생. 제25회 「근로자 문학제」 시부문 금상. 「포항문학」 신인상. 제8회 「현대시문학상」수상.

나눔

양준석

한 사람을 만났다.
문득 그와 무언가를 나누고 싶어졌다.
나눌것이라곤 아무것도 가지고 있지 않은 내가
스스럼없이 그와 나누기 위해 지갑을 연다.
그나마 다행히도 잘 지내고 있었기에
내가먼저 지갑을 열 수 있었는지도 모르겠다.

그것은 온전히 '너'의 아픔을 본 순간이다.
'너'의 아픔은 '나'도 겪는 아픔이며,
겪어야 할 아픔이기에 그래서
이런 '내'가 '너'와 나누는 것은
'너'를 치유하는 동시에 '나'를 치유한다.
그것이 우리의 '삶'이고 '사랑'이다

비

어서오라 비여
그렇게 부슬거리지만 말고
잿빛으로
아주 새까만 먹빛으로 오라
고요하게만 말고
우르르 쾅 쾅 요란을 떨며오라
수 천 수만의 빗줄기여

어서오라 비여
하늘 장막 두꺼운 천을 뚫고
무딘 영혼의 껍데기들 위에
세차게 부딪혀 오라
거세게 몰아쳐 오라
겁 없이 내뻗어 질주하는
저 오만한 문명을 때려
다시 무릎걸음으로 기게 해다오.

어서오라 비여
이기심에 물든 세상
굳어버린 심장들
싸늘한 가슴마다

화살처럼 박혀 오라
온 세상 다 묻혀버릴
참회의 눈물로 오라.

숲과 나무가 하나이듯

나무와 나무 사이 보이지 않는 바람이 수시로 드나들며 가지를 흔들듯이 당신과 나 사이 잡을 수 없는 그리움의 바람이 우리의 가슴을 드나들며 수시로 흔든다. 바람 부는 쪽으로 흔들리는 이파리처럼 그리움이 오는 쪽으로 고개 돌리는 그대 그리고 나. 새가 하늘을 떠나 살 수 없듯이 나무가 숲을 떠나지 않듯이 우리는 사랑을 떠나 살 수 없다. 숲과 나무가 하나이듯 마음은 이미 그대 곁에 서 있다.

양준석: 한국화가. 2000년 현대시문학 신인상 등단. 시집 <당신>. 미디어 비평서 <나는 지금 싸이질로 세상을 바꾼다>. 현) 통합진보당 김선동 국회의원 보좌관

마음의 산책

양하

화려한 네온이 명멸하는 노래방에서
<아침 이슬>을 불렀다 이슬을 부르던
노래들이 밤이슬처럼 사라진
새벽거리를 나오면서
알 수 없이 맺혔다가 사라진
내 마음도 이슬 같았다

차를 마시고 나서
투명하게 맺히는 이슬을 보았다
한 알 두 알 매달리는 이슬같이
내 마음은
어디론가 사라지는 것인지
창밖에 끌려가는 차를 보면서
자꾸 이슬처럼 매달렸다
사라지는 마음을 보았다
못내 아쉬워하며 살아온 것들이
다 노래가 되기도 전 사라진 것을 본다

바다만 보고
한참동안 서 있었다

내 마음은 사라지는 이슬같은 울음들이
투명하게 매달리다가 사라지는
숙박계의 이름처럼
그렇게 쓸쓸한 이슬의 비망록같다

손수건
슬퍼서
울 때, 내 몸은 바다가 되어 출렁인다
작은 손수건 한 장으로
다 닦을 수 없다

푸른 바다도 나처럼 깊고 슬픈가
손수건 한 장으로 다 닦을 수 없으니
늘 흥건히 젖어서 출렁이는
저 바다,

잔잔할 때 바라보면
그래도 큰 손아귀에 움켜쥐고
눈물로 반짝 반짝 빛나는
큰 손수건 한 장처럼
먼 곳에서 보면

비뚤어 짤 것같이
도화지 만하게 작다

우물

1.
내 마음속에 우물 같은 방이 있다
우물이 고이면 시간의 가변키를 돌린다
희미한 고독이 농밀한
눈으로 허기진 파도를 웅켜쥔다
각혈을 시작한 허파 속에는
쓰지도 못한 언어들이 머리칼 같은
얇은 섬유질 속에 끈적거리고 커진다
후―
날려질 언어들이
하나하나 우물 속을 열고 나온다

2.
늦게 돌아온 아내는
일찍 코를 박고 잔다
아이들도 그런 엄마 곁에 있다가
덩달아 잠이 든다
홀로된 나는 아내의 얼굴에 보이는 수심을 본다.

생글생글 웃던 아내가 어느새
사십중반이 넘어 자신의 세월을 못 견디고 있다

나이가 낚싯줄처럼 길게 늘어져
세월들이 이젠 뭉치로 올려진다

3.
벤치에 앉아서 산을 보아도
버스를 타고 여행을 하면서
지나가는 풍광을 보아도
비가 오는데 우산 쓰고 가야만
하는 자신을 보아도

가을이 오고 있는데
여름날의 추억만 세어도
하얀 눈이와 쌓이는 데
걱정만 앞서는 자신을 볼 때
안타까움이 절로 펴 올려진다

양하(본명:양태철): 현대시문학 등단. 서울시공모문학상. 임화문학상. 시집:<바람의 말> 등.

봄의 속삭임

원선영

겨울 골 은사시나무의 설화에도 마냥 수나롭지 않음은 근근. 찾아 올 이를 기다림일 게야. 웅풍 속에서 도말을 아끼며 조용히 인내함은 연연불망. 그리움의 징표 일게야. 칠흑의 어둠마저 부르르 떨지 않고 은근히 받아들임 도다 그럴만한 이유가 있음일 테지. 그것은 봄을 기다리는 이들에게 움을 터트리며 삶의 희망을 안겨주고픈 '봄의 속삭임'. 아닐런가?

단풍

선혈 같은 붉음을 울컥 토해내니 등성이로부터 선명하고 오랫동안 참아왔던 광분과도 같음이니 골을 향한 달음박질은 빠르기만 하다. 여름 내내 달구어진 그것들이 마치 수채화인양 물들고 어쩌면 지난밤 어둠속에서 빨간 불꽃이 활활 치솟았을지도 모를 일. 그렇지 않고야 누구 마음대로, 저리 붉은 몸뚱이 벌거벗은 채 서 있으라 했는가. 스스로도 주체 못하는 저 정염의 덩어리를 도대체 어찌 장담하려는가 말이다. 화신의 비소만이 있을 뿐 화려한 종말인 것을……. 때로는 삶을 떨구어내는 벌레 먹은 가랑잎 같이 비척비척 숲을 헤매지만, 끝내는 불꽃 뒤에 스러지는 시커먼 재뿐인 것을……석양 눈물이 얹혀진 가무레한 하늘 끄트머리 아슬히 망각이 흘러 죽어도 아니 그런 듯가쁜 숨 뱉어내며 행여 밀려올어둑발이 무서워 손아귀 그득잡아 챈 석양 한 조각 하루의 생을 치열하게 일구고제 몸 달궈 불화로처럼 붉게 피어난다.

노숙

너덜해진 빈주머니에 가득 들어찬 절망 덩어리 밤새 뒤집어 쏟아놓고, 이슬 맞은 젖은 밤이야 임자 없는 벤치가 있지 않나. 밤새 젖은 설움일랑 등걸 위에 걸어두고 햇빛 한 주먹은 무일푼이어도 좋을레라. 가난한 뱃구레에서는 시도 때도 없이 꼬르륵 이니뚜껑 열어 뒤적이는 그 인생도 삶이어라. 손톱 밑에 검은 세월 그것마저 연륜이니 비겁한 손 내어 밀고 세월 얹어주면 하루살이 만족하다. 화려한 몸짓으로 시공을 초월하는 사치로운 이방인을 바라보는 눈동자엔 희망이 풀어져 흔적조차 없음이라. 남루한 머리칼 난장 속에서나 나옴직한 얼굴 위에 땟국물이 주르륵 눈물처럼, 한숨 되어 흘러내린다. 벤치위에 뉘여 놓은 잠호사로운 한밤중은 칠팔월의 폭염이라지만 일 년 중의 최고였네. 아침저녁 쌀쌀한 기가 뼛골 깊이 후비고 들어서니 불 켜진 창문 너머 그 가족이고 싶어진다. 한낮을 살고나면 오늘은 어디메에 누울까나. 한뎃잠은 어둠의 자식인지오늘밤은 꼭 따져 물어봐야겠다

원선영: 저서:일상의 사사些事. 동인시화집 : 詩와 에세이2. 공저 : 봄, 바람으로 오다. 사랑의 징검다리, 떨림 외 다수. 현재 : 인천공항 세관 재직 중

우리 함께 타자

유화

그래
인생이 모 별거니
봄이 왔으면 봄을 타고
살갗을 태우는 뜨거운 여름이 오면
푸른 물결을 타는 거야
그렇게 타고 또 타다가
붉은 노을에 푸른 잎들이 붉게 물들 때는
우리 함께 열정을 태워 가을을 타는 거야
그렇게 붉게 다 타고 나면
겨울을 달리는 열차를 갈아타고
또 달리는거지
그렇게 달리다 보면 온 세상이 하얗게 변하고
너도 나도 백발이 되어 가겠지
어때
인생이 모 별거니
봄이면 봄을 타고
여름 오면 여름을 타고
가을 오면 가을을 타고
겨울 오면 겨울을 타는 거지
타고 타고 또 타다가
문득 저 먼 곳에 무엇이 있는지

궁금해지면
그때 우리 함께 계절을 넘어
또 다른 세상이 있는지 가보는 거야.
인생 모 별거니
그렇게 살다보면 계절도 가고,세월도 흘러
너도 나도 언젠가는 저편에 가 있을 것을...
우리 너무 서둘지 말자.

나는 당신이 슬프다

헐벗은 가슴은 또다시 나뭇가지에 걸려 있다.
슬픔과 괴로움은 어디서 시작 된 것일까?
방황하는 영혼을 잠재워 버린 시간
거룩한 이름을 남긴 행진곡처럼 소나기가 내리고
두 팔로 허공을 휘 저어보지만 피가 뛰는 가슴도,
정열도 모두가 식어버리고 인생의 괴로움도 사라졌다.
찬란하고 황홀한 별들의 노래가 너무도 빨리 끝나버리고
끊임없는 행렬도 멈추어버렸다.
세상에 별이 질 때마다 허영과 어리석은 사치라고
누가 감히 그렇다고 말 할 수 있을까..
그대의 빛나는 눈동자로 그 환한 미소로
그대는 이렇게 말 할 것이다.
어쩔 수 없었다고 여기까지가 나의 운명 이였다고
누구도 운명을 거역 할 수 없기에
사랑 하는 사람들 곁에서 떠날 수 밖에 없었다고
그래서 나는 당신 운명 앞에서 당신이 슬퍼진다.
너무도 빨리 떠나가야 했던 당신이 슬프고 아프다.
바람은 옛처럼 불어오고 다시 해가 뜨는데
운명 앞에 잃어버린 별이 되어버린 그대
나는 당신이 슬프다.

[故 박용하. 별이지다.]

낡은 시계

차가 다니는 좁은 길을 제대로 걷지도 못하면서
한 가운데를 떡하니 당당하게 굽은 허리로 슬로우 슬로우
마치 시계태엽 풀려 곧 멈춰 버릴 듯한 시계바늘처럼
느릿하게 뒤도 돌아보지 못하고 걷는 노인
나는 차마 크락션을 울리지 못하고
노인의 걸음에 맞추어 천천히 천천히 아주 느리게
노인이 골목길을 빠져 나갈 때까지 차를 몰았다.

노인의 굽은 뒷모습이 세월의 흔적을 말해주고 있다.
긴 긴 세월 속에 인간의 모습이 이토록 가여울 수가 없다.
노인에게도 한 때는 반짝이는 세단처럼 젊은 날이 있었을
텐데.
세월 속에 온 몸이 낡고 쇠약하여 뒤도 돌아 볼 수 없고
길을 피해줄 수도 없는 낡고 오래된 시계처럼
끝없이 바닥으로 추락하고 있는 내 뒷모습이 저기 서있다.

바람이 추운 날 도로 위를 달리며
아까 골목에서 마주친 그 노인이 쉽게 뇌리를 떠나지 않는다.
가슴이 더 서늘한 날이다.

유화: 현대시문학 등단. 시집:<그리운 사람>. 동인지:<2004년 아버지의 임종(좋은 생각)>외 다수.

가시 뜨락

윤서진

쉿!
천박한 장미에게 속지마라.

새빨간 웃음 한 아름 흘려대는 탐스런 입술,
이 달콤한 입맞춤에 흔들리지 마라.

새빨간 향기 아찔히 풍겨대는 풍만한 육체,
그 황홀한 굴레에 빠지지 마라.

순박한 들꽃 하얀 가슴팍을 흉건히 할퀴어대는
저– 시뻘건 독을 깊이, 깊이 품고 있나니

쉿!
네 가슴 속 뜨거운 피 한 방울을 아껴라.

도망간 도시

숨소리조차 숨죽이는
굵은 빗줄기의 시원한 엉킴

끝까지 채운 단추하나
거칠게 뜯어 버리고
두 팔 벌려 담뿍 적시면

아 - - 흐 - 음 -

통 · 통 · 통
정수리에서 시작된 작은 울림
차디찬 검은 아스팔트 위
투명한 왕관으로 끝맺으면

폭우야, 더- 쏟아져라!

아 - - 흐 - 음 -

청포도 보다 싱그럽구나!

보름날 순이는 -

달 밝아 유독 한가로운 날 밤
분홍 꼬까신 댕기 머리 순이는

할무이 허리 닮은 밭두렁을
사뿐히도 날아다닐 제

배부른 달 녀석이 순이 앞을 막아서며
총총 걸음 꼬마 별들이 두 손 벌리며
가–앙 가–앙 수–월래를 하잖다.

비–잉 둘러선 모양이
"아이, 참 복스럽기도 하여라."

둥 – 둥 – 둥
　알사탕 한 알
　　통 – 통 – 통
　별사탕 몇 알
하나아, 두울, 셋!

깜빡이던 까만 눈동자 바쁘게 두리번대더니
두 손 가득 알사탕, 별사탕 함빡 따고서

한 입에 꼴깍하고 넘길 제

입에서 뛰노는 모양이
"아이, 참 달콤도 하여라."

삼오이팔 댕기 소녀
까르르르 자지러지는 수줍은 몸짓에

하늘은 연신
반짝이는 두 눈 깜짝이며
고개만 갸우뚱 – 갸우뚱 –

윤서진: 현대시문학 1차추천. 전 MBN보도국 사회부 방송작가.

짙어 가는 사랑

정원/윤순희

계절이
익어갈수록 깊어가는
사랑이 있습니다.

무수한
별처럼 더해지는
사랑이 있습니다.

청춘에 다하지 못한
사랑이
세월과 함께 더 쌓여갑니다.

골골이 패인
세월의 흔적 속에
묻어 있는 사랑입니다.

한 남편의 아내이자
두 아들 딸을 둔 나는 그렇습니다.
사랑은
오묘하고 깊습니다.

우리 부부

나의 볼록한 코
당신의 오뚝한 코

나의 부드러운 미소 띤 입
당신의 편안한 야무진 입

나의 동그란 두 눈
당신의 엷은 부드러운 눈

당신을 처음 만나던 날
서로 닮은 모습에

두 손을 잡고
뜨거운 사랑이
서로의 마음을
사로잡아 합방하던 날

세상은 무지갯빛으로 물들었고
함께 웃으며 지내온 나날들

때로는 몰아치는

세상 풍파를 헤치며 살아온
세월은 당신의 따뜻한 배려와
인내로

우리 부부는
편안하고 따뜻한
사랑으로 영원히
하나 된 우리입니다.

이슬비 개인 아침

이슬비가
살짝 내리다 갠 날 아침
아파트 단지 내
작은 걸음으로
산책을 즐기니 연초록이 한층 푸르러
여름이 다가오고 있음이
실감 나는 오늘이네.
더러는 어디에 목적을 두고
발걸음들을 옮기고
나이 드신 어른들은
눈에 넣어도 아프지 않을
여린 손주 녀석을 유모차에 태우고
느긋한 걸음으로 예쁜 봄을 만끽하네.
아~청아한 아침이로다.

정원 윤순희: 62년 충남 태안출생. 한울문학 시부문 등단. 현대시선 신인문학대상수상. 한울문학문학상수상. 2011년 평론가가 뽑은 50 대작가현대시문학(앤솔러지). "생의 미학과 명시(한국명시100선모음)"동인. 사단법인).한국한울문인협회원.

나비의 눈

이상윤

어느 날 나는 우연히 창 밖을 내다보다가
창 밖에 와 있는 몇 송이의 봄을 보다가 문득
나비 한 마리를 발견하였다

그때 그도 나처럼 참으로 우연히 안을
들여다 본 것일까, 불현 듯 날개를 팔랑이더니
내가 있는 곳으로 날아들어 왔다

하지만 다음 순간 나비는 이 낯선 내부가
자기가 생각하던 곳이 아님을 눈치 챘는지
몸을 돌려 날기 시작했다

나는 얼른 나비가 돌아가기 쉽도록 닫혀 있던
문 하나를 더 열었다

그렇지만 나비는 눈앞에 있는 통로는 보지 못하고
무모하리만큼 자꾸만 유리창에 부딪치다가
기어이 바닥으로 떨어지고 말았다

인간은 누구나 제 키보다 더 높이 날기를
원하지만 언젠가는 추락할 수도 있다는 것을
믿는 사람은 많지 않다

투명한 유리도 벽이 된다는 것을 알지 못하는
나비의 눈을 가졌기 때문이다

아지매

일요일 오후, 야외로 나가 꽃 한 송이 보는데
갑자기 아지매 생각이 났다
내 유년의 기억 속에 살아있는 아지매는 거친
농사일로 햇빛에 끄슬려 피부는 까무잡잡하였지만
아담한 키에 웃는 모습이 이뻐서 꼭
밭둑의 제비꽃을 닮았다
아지매는 어머니가 아파 누워 있을 때
하루 종일 들에 나가 땀 뻑뻑 흘리며 일하다가
어둠살이 진 저녁때야 겨우 돌아와서도
어린 나를 위해 된장을 끓여 보리밥을 비벼주고
젖 망울 같은 감자를 삶아 주었다
평상에 누워 감꽃 같은 별을 세다가 아지매가
돌아간 뒤에도 나는 어머니 걱정보다
아지매 얼굴이 더 오래 갔다
어머니란 이름은 생각만 해도 가슴에
더운 눈물이 나지만 아지매 이름은 부를 때마다
꽃 한송이가 다가와 온 몸이 흠들거렸다
세상에는 잊혀지지 않는 많은 이쁜 이름들이 있다
오늘 내가 부르는 이름도 별처럼 푸르다
그러나 내가 다시 맨발로 돌아가지 않아도
불러서 꽃이 되는 이름은 아지매 뿐이다
꽃 하나가 산을 물들이는 것도 그런 까닭이다

치워야 할 것들

오늘 자고 일어나니 문득 육십이다
이제 살아있어도 산 것이 아니고
죽는 일도 남의 일이 아니다
가진 것도 내 것이 못 된다
너무 아찔해서, 현기증이 나서
제일 먼저 벽에 붙어 있던 달력을 치웠다
시계를 치웠다
거울도 잘 안 보이는 곳으로 옮겼다
작년까지만 해도 아직 오십대
인데 그러면서 방앗간 참새처럼
여기저기 기웃대었는데
가끔씩은 주머니도 채웠는데
그리고 아주 먼 어느 한 때는
노랑 노랑한 콧수염 세우며
빨리 어른이 되고 싶은 때도 있었지만
이제 사람이 하는 생각 중에서 그보다
더 철없는 일도 없으리라
오늘 자고 일어나니 문득 육십이다
치워야 할 것들이 너무 많다

이상윤: 「매일신춘문예 동시」 당선. 소로문학골 동인. 수주문학상 · 교원문학상 · 현대시문학상 · 여수해양문학상 수상

침입자

이석원

녀석은 오늘 몹시 운이 없는 날인가보다. 닭장에 침입해 닭들을 물어뜯던 그 기세는 어디로 가고 놀라서 뛰쳐나온 닭들을 ◎기는커녕 잔뜩 주눅이 들어 꼬리를 늘어뜨리고 다리를 절며 슬금슬금 꽁무니를 빼는 모양이 너무 가련하였다.

가끔씩 도심을 벗어나 한적한 시골식당을 찾는 것도 매일 매일 되풀이 되는 경직된 일상에서 벗어나 생활의 활력을 얻을 수 있는 좋은 일일 것이다.

큰 길로부터 벗어나 작은 표지간판이 세워진 샛길을 찾아 들어서면 어김없이 마주 오는 차들이 서로 비껴나가기 어려울 정도로 좁은 도로가 나온다.

여기 저기 깨어지고 패여 나간 시멘트포장길을 터덜터덜 한동안 따라 올라가다보면, 전혀 도시의 세련된 미적인 감각과는 동떨어진 빛바랜 허름한 간판이 서있는 너른 마당이 나오고 그 곳엔 제법 여러 대의 차들이 세워져 있다.

주차장이라 불리우는 것이 더 적합할 마당 둘레에는 경계라도 표시하기 위해서인 듯 이제 막 열매가 달리기 시작한 대추나무며 화려하지는 않으나 소박하고 탐스러운 수국이 듬성듬성 심어져있다.

열려 젖혀져 있는 낡은 나무대문으로 들어서는 문턱

은 닳고 닳아서 돌출부분에는 윤기가 반지르하게 나있다. 꽤 오래 전에 지어진 듯 보이는, 같이 붙어있지는 않으나 ㄷ자형으로 배열되어 있는 낡은 기와집 한가운데에는 조그마한 둥근 모양의 화단이 있었다.

화단에는 이름 모를 예쁜 꽃들이 피어 있었는데 이름 없는 꽃은 아닐 터이고, 몇몇 꽃밖에는 이름을 알지 못하는 나의 무지 때문에 누가 보아도 감탄을 자아낼만한 그 화단과 아름다운 꽃들의 조화를 지인들에게 표현하지 못하는 것일 뿐이리라……

대문을 마주보고 있는 부엌에는 손님맞이에 바쁜 몇몇 아주머니들이 음식을 만드느라 분주히 움직이고 있었고 일찌감치 도착한 나는 늦게 오는 일행을 기다리며 마루 끝에 앉아 무료하게 이곳저곳을 살펴보고 있었다. 부엌과 행랑 사이로 널찍한 텃밭이 보이고 텃밭 한쪽에는 철사로 얽어매 만들어놓은 제법 커다란 닭장이 있었다.

갑자기 소동이 일어났다. 닭장 속의 닭들이 갑자기 '꼬꼬댁 꼬꼬댁……' 요란스럽게 쫓기는 소리를 내며 푸드덕거렸고, 투박스럽게 생긴 한 아주머니가 큰소리를 지르며 황급히 닭장으로 달려갔다.

어찌된 일인지 닭장 문이 열리는 바람에 녀석이 닭장에 침입한 것이다.

아주머니는 계속 큰소리를 지르며 녀석을 쫓아내려 하였고 닭장 문이 열리는 틈을 타서 놀란 몇 마리의 닭들이 밖으로 뛰쳐나왔다. 녀석을 쫓아 다니는 아주머니가 밀쳐놓으면 열려있어야 할 닭장문은 무슨 역학관계에 의한 연유인지 몰라도 열기만 하면 저절로 닫혔고 아주머니는 결국 녀석의 퇴로를 열어주지 못한 채 더욱 큰소리로 욕설을 퍼부으며 녀석을 무자비하게 두들겨 댔다.

녀석의 처참한 비명소리가 들려오고 이제는 더 이상 두고 볼 상황이 아니었다. 부지런히 텃밭을 가로질러 닭장으로 달려갔다.

녀석은 닭장 한구석에 쪼그려 앉아 움직이지도 못하고 애절한 눈빛으로 아주머니를 올려다보고 있었다.

황견으로서도 몸집이 그리 크지 않은, 복스러운 하얀 털을 가진 착하게 생긴 놈이었다. 토종닭집 텃밭과 마당을 종횡무진하며 천덕꾸러기로 살아온 처지여서인지 좋은 주인 만나 좋은 옷 입고 미용실 다니는 팔자 좋은 견공犬公들과는 달리 하얀 털이 몹시도 지저분하게 더럽혀져있었다.

녀석의 애절한 눈빛은 "문이 열려져 있어 닭장에 들어가게 되었고 개는 원래 닭을 보면 물어뜯는 것"이라고 항변을 하는 듯하였다.

"아주머니! 닭장 문을 열어놓고 개를 내보내야지 계속 두들겨 패기만하면 이놈이 어떻게 나가겠습니까? 제가 문을 열고 있을 터이니 쫓아내 보세요."

아주머니도 어쩔 줄 모르는 것 같았다.

"닭장 문을 열어놓으면 닭들이 다 나가버리잖아요!" 하며 악이 받친 듯 들고 있던 플라스틱제 장독뚜껑으로 녀석의 목덜미를 다시 한 번 더 가격하였다.

얼마나 충격이 컸을까? 겁을 잔뜩 집어먹은 녀석은 깨

갱거리며 움직이지도 못한 채 몸을 떨고 있었다.

녀석이 나가면 또 다시 닭들을 물어뜯을 거라던 아주머니의 걱정과는 달리 녀석은 비실비실 초라한 몰골로 도망을 쳤다.

녀석의 도망으로 토종닭을 파는 한 시골식당의 작은 해프닝은 끝이 났다. 하지만 나에게는 그것이 작은 해프닝이 아니었다. 아니 작은 해프닝으로 넘기기에는 너무 충격이 컸다.

강아지를 높은 곳에서 떨어뜨리거나 라이터로 털을 태우는 장난을 해서 동물애호단체의 비난을 받았다느니 하는 보도를 보고 '인간의 본성이 과연 선한 것인가?' 하는 회의를 가진 적은 있었지만 직접 녀석이 당하는 비참한 꼴을 보고나니 더욱 마음이 아팠다.

오늘 그곳에서 금수禽獸가 가진다고 하는 수성獸性이 표출되었다면 어떻게 되었을까?

쥐도 궁지에 몰리면 고양이를 문다고 했다던가? 도망갈 구멍도 없는 좁은 공간에서 계속되는, 엄청난 육체적인 고통을 수반하는 물리적 제재를 견디지 못한 녀석이 아주머니를 물어뜯기라도 했다면 어찌 하였을 것인가!

어쩌면 녀석은 모진 매를 맞으면서도, 같이 지내는 아주머니, 가끔씩은 밥통에 음식 찌꺼기를 부어주었을 그 아주머니를 차마 물어뜯지 못하였을지도 모른다.

모처럼 찾아왔던 소박한 시골식당의 정경도, 훌륭한 토종의 맛난 음식도 오늘은 나에게 그리 좋은 감흥을 주지 못하였다.

'겨울연가' 그 후

얼마 전 국민들로부터 많은 사랑을 받던 한류스타 한 사람이 스스로 목숨을 끊은 불행한 사건이 발생하여 많은 사람들에게 충격을 주었다. 한류를 이끌어낸 드라마로 평가되는 '겨울연가'에서 주연에 상응하는 비중 있는 역에 출연하여 일본에서도 인기가 높은, 한류스타 1세대라 할 수 있는 건실한 청년이어서 우리의 안타까움을 더했다.

'겨울연가'는 우리의 심금을 울렸던 아름다운 드라마였다. 현대는 글로벌시대이고 아무리 힘겨운 무한경쟁의 시대라고 하여도 인간본연의 심성은 같은 것이어서 이 드라마는 일본을 비롯한 동남아 여러 나라에서도 큰 사랑을 받았다.

춘천과 남이섬을 배경으로 촬영된 드라마 속의 설경과 가을의 정취는 영상미의 극치를 보여주었으며, 그 배경에 흐르는 감미로운 음악은 보는 이로 하여금 드라마에 몰입되도록 크나큰 감동을 주었다. 때 묻지 않은 순수한 청춘스타들의 해맑은 모습과 드라마에 전개되는 그들의 아름다운 사랑이 우리의 가슴을 저미게 하였던 쉽게 잊혀 지지 않는 훌륭한 드라마였다.

일본에서 방영된 '겨울연가'는 일본열도를 들끓게 하였고 우리 문화의 우위를 확인하는 한류라는 용어를 탄

생케 하였다. 많은 일본의 관광객들이 '겨울연가'의 배경지인 춘천과 남이섬을 찾아 와서 때 아닌 관광특수를 누리기도 하였다. 이러한 한류의 열풍은 동남아로 퍼졌고 급기야는 남미의 여러 나라와 이집트 까지 우리 드라마가 수출되기에 이르렀다.

인류문병 발상지의 하나로 세계사 시간에 열심히 기억하려 애썼던 이집트가 우리에게는 피라미드, 파라오와 함께 낯설지 않은 나라이지만 유감스럽게도 이집트에는 우리나라를 잘 모르는 사람들이 많았다고 한다. '대장금'이라는 드라마의 방영으로 한국을 알게 되고 한국에 대한 관심이 높아졌다고 하니 문화의 수출이 얼마나 국가홍보에 큰 역할을 하는지 알 수 있을 것 같다. 더구나 이 드라마 한편의 수출로 얻어지는 이익이 자동차를 이천 여대나 만들어 팔아야 얻을 수 있는 수익과 비슷하다 하니 문화산업이 얼마나 중요한 것인가 새삼 놀랍기만 하다.

'겨울연가'로부터 촉발된 한류열풍을 지속적으로 관리하고 확산시켜 우리 문화를 알리고 관광사업을 활성화 해나가야 할 터인데 불행하게도 우리는 그러하지 못한 것 같다.

춘천에도 명동이라는 거리가 있다, 행정구역상으로는 조양동이라는 명칭을 가지고 있지만 1960년대 상권 활성화를 염원하던 이곳 상인들이 서울 명동을 둘러보고 이 거리에도 같은 이름을 붙여 지금 까지 불리어오는 춘천에서 가장 번화한 거리이다.

최근 경춘선 전철이 개통된 후 부쩍 많이 춘천을 찾는

서울을 비롯한 수도권 거주자들이 꼭 한번은 찾는다는 그 유명한 춘천명물 닭갈비골목도 이곳에 있다.

이곳은 '겨울연가'에서 유진이를 만나기 위해 눈이 쏟아지는 거리를 달려오던 준상이가 교통사고를 당해 기억을 상실하고, 슬픈 이별을 하게 된 가슴 아픈 드라마 속의 장소이다. 하지만 춘천의 명동거리는 두 청춘스타의 웃음 띤 모습을 담은 사진만 덩그러니 세워져 있을 뿐, 거리에는 담배꽁초가 나뒹굴고 주변 상가에서 내어 놓은 빈 박스들이 어지러이 쌓여 있는 초라한 거리로 변하였다. 그래도 이곳에는 멀리서 '겨울연가'의 거리를 찾아온, 일본인 중국인 관광객들이 사진 옆에서 기념촬영도 하고 주인공들의 손바닥이 새겨진 동판에 자신의 손을 대어보며 감격스러워 하는 모습을 자주 볼 수 있다.

수년 전 한 일간지에 어처구니없는 기사가 실렸었다. 한류를 사랑하여 큰마음 먹고 한국을 방문해 명동을 둘러 본 일본인 관광객들이 돌아가서 춘천시에 편지를 보내왔다. 일본에 있는 '겨울연가' 스타들의 팬카페를 중심으로 조를 짜서 자신들이 명동거리를 청소해 주겠다는 제의를 해온 것이다. 자신들이 사랑하는 '겨울연가'의 거리가 더럽혀지는 것이 안타까워서라며......

"멀리 일본에서 이 곳 까지 와서 청소를 해주겠다고?"

화들짝 놀란 춘천시에서는 앞으로 거리를 잘 가꾸어 나가겠노라고 정중히 거절을 했었지만 최근 돌아 본 명동거리는 여전히 나아진 것이 없었다. 아직도 휴지조각이나 담배꽁초가 떨어져 있기도 하고 홍보전단지가 여기 저기 버려져 있었다. 춘천시의 노력도 시민들의 문화의식도 느낄 수 없었다.

'겨울연가' 의 거리에는 아직도 일본과 중국의 관광객들이 많이 찾아온다. '겨울연가' 를 보면서 느꼈었던 애틋한 마음으로, 한편으로는 설레는 기대를 안고 먼 길을 찾아왔을 이들이 행여 실망하고 쓸쓸히 돌아가면 어찌할까 걱정이 되기도 한다.

하지만 이제부터 다시 시작하면 된다. 누가 보아도 부끄럽지 않도록 다시 새롭게 거리를 단장하여 청결을 유지하고, 시민들의 질서의식에 호소하여 시민들의 참여와 협조를 구하고, 먼 곳에서 찾아주는 고마운 손님들이 불편 없이 잘 다녀가도록 배려하여 이들을 따뜻하게 맞이할 준비를 하면 된다. 소중한 한류열풍이 쉬이 사라지지 않도록, 무형의 관광자원을 허망하게 잃지 않도록 우리 모두의 지혜를 모아야 할 때이다.

이석원: 한림성심대 행정학과 교수. 현대시문학 수필 등단. 시집 슬픈 할머니 외 동인지 다수

흙속의 파문

이원우

가슴에 사랑이 돋쳐 이탈된 파문,
길을 터준 강물이 그를 버리기 위함이었을까.

긴 세월, 어느 한곳 꽂히지 못한 채 되돌아오는 성당의 종소리가 폭설처럼
쌓여, 사랑을 찾아 온 몸을 부서뜨려 부활하는 꽃향기처럼 흙속의 내 눈물이
바드득바드득 으깨어져 하얀 뿌리가 일제히 소스라치는 봄날, 누런 햇살에

사랑이 헐린 개구멍사이로 눈물만 쏘옥 빼가는
아, 그런 봄날도 축복이리.

사랑, 그 문 뒤에서

떨어져 흙 속에 묻힌 눈물,
어둠에 부대껴 은밀히 우는 이것도 기도이리라.

사랑을 파열된 눈물로 묻어두고 굳어질 듯 흘러가버
린
산골짝물소리, 날카로운 것들에게 닳고 닳아 쉬지 않
고 흐르는
이것은 사랑이리라.

아직도 지쳐 쓰러진
겨울해가 움켜 쥔 손바닥의 피와 눈물이
시시각각 따뜻해져오고 있으니, 긴긴날
눈물이 흙속에 파묻힌 탓일까,

봄이 오면 모든 이파리들이 울음을 터트릴 것이다.

바람에 띄운 꽃잎 하나

온갖 끈질기게 툭 터져버린 기억들이 삐끗삐끗 결리도록 쥐불을 질러 댄 하늘엔 별이 말없이 흐른다.

허공 속에 별만이 반짝거리며 꽃비로 툭툭 떨어지는 옥쟁반, 그 위로 손을 모아 살이 헤지고, 날바닥이 깨지고, 틈새로 뿌리가 솟도록 눈물을 흘렸다. 자유로워 더욱 쓸쓸했던 사랑을 푸르게 아주 푸르게, 바람에 띄운 꽃잎 하나, 한 올 거죽 없이 찢기도록 살려 달라 외쳐댔다. 지는 꽃잎에 붙어 앉은 바람도 우우우- 흐느끼며 억눌린 가슴을 하늘로 하늘위로 넓혀갔다.

행여 천상의 흙내라도 날라 올까 엎디어 눈 먼 탕아처럼 몸부림치던 날들이었다. 분노와 용서를 회한의 촛불로 비쳐봤다. 소명의 날을 받아 죄인의 옷을 벗어버리고 내 영혼 눈뜨는 통고의 밤, 촛불이 캄캄한 나를 알아보았는지 마침내 아침햇살이 꽃잎을 끌어 야밤까지 번져오고 말았다.

아하, 세상 어디에도 없던 것이 햇살을 엎질러 붉게 오른다.

이원우: 현대시문학 등단. 청주문인협회 회원.

인생의 간이역

이은자

오랜 기다림 속에 피어난 수선화처럼
청초하고 싶습니다

추억 속의 그린 들판처럼
내 삶의 모습도 진초록이 되고 싶습니다

지성이 흐르고 열정이 있기에 멋진 삶을 영위해 나갈수
가 있습니다
푹 익어 젖어 소중하게 간직하고 싶은 추억을 많이 만
들고 싶습니다

기나긴 겨울을 견디며
봄에 꽃들이 피어나 향기를 발하듯
삶의 향기를 은은하게 풍기는 소중한 사람으로 남고 싶
습니다

아껴주고 존중해주는 고귀한 인품을 소유할 수 있는
가슴이 포근하고 따뜻한 사람으로 기억되고 싶습니다

안개꽃이 주는 은은한 내음의 색처럼
언제나 변치 않고 그 자리에 있는 변함없는 색을 지닌

그런 사람으로 살고 싶습니다

인생은 저 혼자 타들어가는 촛불과 같은 것
촛농은 어쩜 절대 분량의 눈물이고
일정량의 아픔과 고통의 산물인지도 모릅니다.

그 고통을 견디고 나서 비로소 어둠을 밝혀주는 빛을 발하게 되는 것입니다.

생이란
잠시 머무는 간이역~!!

오늘도 간이역에서 잠시 쉬며
삶의 넋두리에 이 밤도 깊어만 갑니다
고운 꿈으로 채색되는 아름다운 밤입니다.

중년의 사랑

세상에 태어나 누군가를
가슴 시리도록 사랑할 수 있는 숙명의 처절함

막연한 그리움을 안고 있다는 것은
누군가를 그리워하기 보다 흘러가는
자신의 생을 붙잡고
싶은 생의 절규

흔히들 아프고 슬픈 것이라 말하는
중년의 사랑
어느 만큼 세월을 돌아
삶의 의미를 느낄 즈음에 맞이하는 사랑 이기에
더욱더 애달프고 간절할 수도 있는 삶의 처절함

아픈 사랑의 벅찬 가슴을 가지고 싶어함은
아직은 꺼지지 않은 감정의 불씨가
남아 있음을 확인 하고 싶은 몸부림

창백하게 봉인된 금지된 사랑이기에
더욱 간절하고 애달픈 몸부림
한순간에 타버릴 불나비가 되더라도

순간적인 환상에 매달려
감정의 곡예를 하는 처연하리 만치
슬픈 중년의 사랑

두 사람만이 가슴에 품고 눈멀듯 보고 지운 마음에
온 밤을 하얗게 새워도 긴 긴 밤 한숨 소리 꺼지지 않음은
시작된 사랑의 아픔에 오히려
가슴 아파 돌아서지 못하는 애틋함

만남의 기쁨보다 돌아설 것에 대한 서글픔
전신을 휘감고 돌아도
끝내는 한 방울의 눈물로 머물고야 말
마지막이란 말을 감춰두고
한 세상 다 하도록 함께 갈 사람이 있다는 것
슬프지만 아름다운 중년의 사랑
아픔의 부산물

상고대

백운산 능선 따라 내려온 선녀
아름다운 선율을 그리는 백설의 춤사위
겨우내 잠자던 소나무에 살포시 내려앉아
못다 한 이야기에 긴 밤을 지새우다
지새우다 하얗게 하얗게 만들어진 속살
산죽 위에도 참나무 위에도 못다 한 겨울 이야기로
찬란히 쌓여 있는 추억의 잔재들

예뻐서 아주 예뻐서
아름다운 상고대의 자태에
그만 넋을 잊고 멀티 오르가슴에 온몸을 떨며
외치는 내면의 함성
아~~!

미칠 것 같다. 미칠 것 같다
주체할 수 없는 아름다움에
이미 손발이 마비되어 멈추어 버리고
심장 고동소리는 쿵쾅거리는 18세 소녀
봉화산의 진달래 분홍빛의 홍조

살갗에 부딪히는 바람의 빛깔이여
바람의 향기여
바람의 속삭임이여

산 그대가 그곳에 있기에
고뇌도 젊음도 분노도 그대 품에 다 털어놓고
넓은 가슴에 안겨 흥분의 전율 속에 마음을 맡겨본다

은백색으로 치장한 아름다움에
삼라만상이 모두 고개 숙이며
찬사를 보내는 이 아름다운 대간 길
그대는 은빛 선녀
인생의 소풍
찬란한 백운산의 상고대의 매력에
잊지 못할 사랑의 추억마저도 묻혀버릴 듯

가슴 찌릿한 벅찬 환희의
백두대간 길의 백운산 상고대여
그대는 정녕 그리움이고
애 닮음이고 추억이기에 그대를 사랑하노라

그리움이 눈꽃처럼 피어나는
천상의 눈꽃세상
백운산 정상의 상고대 사랑이어라.

이은자(샤롯): 현대시문학 시부문 1차추천등단.

가을을 기다리는 마음

이재순

갈아, 칼 날른다
숨어라, 장독위에 날아가는 새를 따라
뒹구는 낙엽보다 더 낡은 베옷을 입고
갈이 온다야, 나도 간다야
너른 들판아, 아이가 간다
길목엔 단감이 열리고 대추 떨어질라
아쉬운 계절아, 남은 세월은 흘러도
우리는 갈에 남지,
갈아, 갈아,
갈 소리는 들려 강 넘어로
물살이 잔잔한 호수위에
갈 파문이 일면 다 보인다,
마음이 열리는 소리들이
즐거운 아이들의 비명들이
우리를 살게 하는 시간들이 가는 소리가
들린다, 갈아, 갈 소리야
달 밝으려무나
달나라 갈랜다, 아이들아,
우리가 서서
기다리는 걸
아마 모를걸.

열매가 익는 마을

자란다, 갈 소리에 마음을 열면
갈대 서걱거리는 소리,
숲을 지나 가라, 갈아
우리가 간다야, 갈아, 갈 소리야
사람은 살아 남아 갈을 본다야
갈 길은 먼데 하늘을 보는 얼굴들아
누런 곡식이 익어가는 소리
들린다, 황혼이 질 무렵 가라
갈아, 너는 잣, 호두를 깨무는 소리
아이가 웃는 소리를 들어라,
잔잔한 바위 하나 뒹군다,
갈 소리에 놀란 가슴을 열고
바람이 잘 때까지 머리위에 앉은 새야,
날아가라, 멀리 날아라,
갈이 온다야, 날아라
해 오른다 달 지나칠라
엄니 엄니 엄니,
빨간 볼이 아름다운 아이들아,
갈이 오는 소리를 들어라
우리가 살아서 듣는 소리를
밤마다 살아서 숨쉬는 소리를

들어라, 살아라, 놀아라
정이 머무는 곳, 마음 속에 자리하는
고운 넋을 위로하는 마을 어귀
자라는 낙엽이 오는 소리
갈아, 들어라
우리가 살아 숨쉬는 소리
우리가 남아서 살아가는 소리
우리가 머무는 소리
고운 님이 사는 소리.

가을 태양

어머니 다듬이 돌 구르는 소리
갈에만 듣는 소리, 갈 오는 소리
밤마다 정겨운 마음이 열리는 소리
갈아, 마음아, 님이 오는 소리를 들어라,
날이 간다야, 새도 가고 남은 건
란(蘭).
갈아, 가랑이 젖는다
살이 마른다,
술 한 잔 놓고 절하는 소리
갈 소리,
오는 길아, 가는 길아
길목마다 아름드리 나무들이 반기는
갈 소리, 갈아
날지 못하는 새 한 마리
던져 보는 호수의 돌 소리
폭포에서 물 떨어지는 소리들아,
왜 그렇게 정겹니
고운 얼굴 지나칠라
자고 일어나면 우는 새야,
갈이 오는 소릴 들어라,
구리빛 타들어가는 단감을

샘물처럼 마시는 마을아,
갈에는 무슨 약속도 하지 말아,
구름이 더 빨리 온단다
갈이 오는 소리보다
베옷 입은 놀이꾼아, 엿을 팔아라
님 그리워 하라
황금 빛 엿가락 늘어진다,
우리가 살아.

李在順 (예명:이남지): 2008년 월간 '문예사조'에 중편소설 < 나의 625 비망록>이 당선. 계간 '현대시문학'에서 < 숲은 자란다>외 12편으로 당선.

술 마신 날

이주리

술을 마셨다
술이 나를 마셨다.
날선 바람이 가르고 간 가슴에
사십 삼년의 허기가
수액처럼 차오른다
사랑에도 유통기한이 있었나
설레임을 먹어치운 썩은 방광
혼절한 애절함이
조심성 없이 바닥에 흐른다
한 시절 잎이었던 열정은
퍼즐 맞추듯
반듯한 사방무늬 안에 갇혀있다
감당해야 할 삶의 무늬
별빛도 무늬져 흐른다
몸을 일으켜
술을 버렸다
아니,
술이 나를 온몸으로 버렸다

눈 오는 날

슬픔도 지친다
그리움도 주춤 한다
시간이 할복하고
바닥에 눕는다

하늘은 진한 눈물 떨구고
땅 깊은 곳 절규조차
흰빛 속에 스며
감히 색깔을 입히지 못한다

어느새 사랑의 기억은
화석처럼 굳은
장미 다발 위에
표류하다 창밖으로
소리 없이 빠져 나가서는

끊어질듯 이어지는
살풀이 걸음새로

늑골만 남은 느티나무 끝에
살그머니 매달린다

파르르 떨리는 시간

누구도 소리를 내지 못한다
누구도 채색하지 못한다
창백한 체념
지금 세상은
흰빛의 완전범죄다

이주리: 경남신문 신춘문예등단. 2009년 현대시문학 등단. 시집:<도공과 막사발>

막간幕間

이지령

휴일
거실에 종일 앉았다

바라보는 앞산은 날 묵묵히 물들였다
쏟아지는 푸른 여백

들려오는 새 소리 따라 흥얼거렸다
들이치는 정정한 울림 한 소절

안개 내린 퇴근 길

1
40번 버스 기다린다
십일월 바람은 아침과 밤을 졸라맨
허리에 시린 냉기를 지펴주고
쌓았다 허물어진 상인들 목소리
어디로 간 걸까 정적만 웅숭깊다
2
서호동 샛터 시장 정류소 벽 구인구직 광고
가로등 아래 서있는 광고지 검게 절여져 일할사람 일할
자리
어디로 추락한 건가 별똥별 쏟아진다
3
하늘 바라보는데 어찌할까
빗발도 없는데 나는 그어진다
까치 발 돋우며
돌아앉은 저 길을 열고
버스가 오리라 어르는데
낙엽 몇 잎이 발등을 적신다
언제쯤 나 가벼워질까
4
어느 때던가

하늘에 창창 걸렸던 별로 뜬 때 우리를 호명하며 서 있던
운동장 낯익은 게시판 위로 푸른 함성 일어섰다
목청껏 부르면 와르르 반짝이던 미래가 있었다

먹장 밤하늘에 꿈을 긁어대면
게시판 가득 채워졌던 너와 나는
지금 어느 스냅 사진에 숨어버렸나

5

텅 빈 버스 몇 대 지나가고
얼굴 가득 매연 안겨든다
아직도 철없는 기침 몇몇 다투어 나오고
도로 끝 불빛이 살아온다
이제 안개는 두고 가야겠다

안부

날마다 전화를 걸어주며
잘 있니,
밥은,
변함없다

시시때때로 너만을 생각하진 않지만

해 뜨고 지는 일처럼

오늘도 근황을 물어 주는
간결한 그 힘.

이지령: 2005년 현대시문학 등단. 경희사이버대학 문예창작과 재학. 물목문학회/통영문학회원

아픔-육십

이화인

꽃이 지는 일도
아프지만

꽃을 피우는 일도
아픔이다

석양빛 속내 붉어
서글프고

새벽빛 눈부시어
눈물겹다

돌이켜보니
고비마다 질퍽한 눈물길

돌아갈 날들
날선 상처투성이다

사는 일이
덧난 상처에 아픔을
덧칠하는 일이다

화접花蝶

꽃이 가슴을 열자
나비가 날아와 몸을 푼다.
꿀을 얻고 향기에 취할 뿐
꽃잎에 물들이지 않고
상처 주지 않는다.
꽃이 파르르 떨었다.
바람이 허공에서 헛발질이다.

한 시절 인연

휘영청 밝은 달이 돌확 속에 머물고
뜰 앞 감나무 문살에 붙들려
오도 가도 못합니다.
감꽃이 피었군요.
바람에 꽃이 질까 잠 못 이룹니다.
모두 한 시절 인연이지요.

이화인: 2003『현대시문학』등단. 2006년 임화문학상 수상. 시집:『그리움은 오늘도 까치밥으로 남아』『길 위에서 길을 잃다』『쉰여덟에 떠난 Nepal 인도』. 동인지『보고 싶다』외 다수.

너

임보

내가 '그'앞에 서면
그는 '네'가 되고
내가 '너'를 떠나면
너는 다시 '그'가 된다

너는 내가 가는 곳마다
태어나서
내가 떠날 때마다
죽는다

아,
무지개처럼 드러났다
노을처럼 스러지는
아름다운 너

2인칭,
너는 순간의 꽃
슬픈 환상이다

유랑의 노래

천 리를 가도
만 리를 가도

그 산은 그 산
그 물은 그 물

밥이며 옷이며
술이며 노래며

눈맛도 입맛도
이젠 다 헐었다

칭찬도 쉽지 않다

길가의 저 패랭이꽃 곱다고
그냥 쉽게 말하지 말라
그놈이 그렇게 피어나려고
몇 만 년을 공들여 왔거늘!

* 이 세상에 신비롭지 않은 것은 아무것도 없다.
  생명체는 더더욱 소중하다.
  그 뿌리를 생각하면 얼마나 아득한가.

임보: 1962년 현대문학지로 등단함. <운주천불>, <장닭설법>, <가시연꽃> 등 다수의 시집과 <현대시운율구조론>, <엄살의 시학>, <미지의 한 젊은 시인에게> 등의 시론집을 간행함. 전 충북대 교수 현 월간 우리시 편집인 현대시문학 편집고문

동대문 야시장엔 은하철도 999가 있다

은하랑

새벽에 비가 내렸다
이중으로 한 목걸이가 점점 위로 올라가서
모가지를 조르고 있는지도 모르고 돌아다녔다
밤의 인간들은 뭔가에 취해 있는지,
서로의 우스꽝스러운 모습도 포착하기 싫은 듯
자유롭게, 관대하게, 집요하게, 그저 지나칠 뿐이다.
어렸을 적 은하철도 999에서 본 낯이 없는 혹성,
그 별은 밤만이 존재한다.
어둠에 익숙해진 사람들에게 빛을 선사해주자
그들은 불행해지고 만다.
조금은 감춰지고 몽환적인 세상에 길들여진
사람들에게 눈부신 진실은 필요가 없는 것이다.
그건 불필요한 아픔일 뿐이다.
안개 속에서 길을 잃고도
그 미망이 행복 할 수 있다면
그에게 굳이 햇빛 찬란한 나라로 가자고
억지부리지 않아도 되는 것이다.
적당한 눈가림이, 적당한 어둠이, 적당한 안개가,
그래서 계속 꿈을 꿀 수 있게 하는 세상이,
그들에게겐 필요했던 것이다.

비 오는 경마장

당신들은 안개가 되어 비를 맞고 서 있다.
함초롬해진 잔디 밭, 빗물에 씻겨 내린 머리카락 속,
지렁이 같은 추억이 고리를 달고 사방에서 위협한다.
한 때 우주처럼 내달렸던 경마장을 기억하는가.
대지는 연인의 입술처럼 말발굽을 열정적으로 빨았고,
온통 하늘은 광분하며 막 태양을 쏟아 부었다.
연회장이 묘지로 둔갑해 버리는 세월.
우렁차게 내딛었던 젊음의 질긴 확신은
간단히 증발해 버렸다.
당신들은 지금 안개가 되어 비를 맞고 서 있다.
배신감처럼 집요하게 젖어 드는 비의 끈적끈적한 혓바닥,
슬퍼하지 말 일이다.
파장 난 오후의 불쾌한 바람을 맞고 있듯이
허탈해하지도 말 일이다.
종말이 온다고 생각지도 말 일이다.
당신들이 가고 있는 것이다.
중독된 젊음의 독한 향기, 그 곁에서
아직도 날름거리고 있는 노장老將의
구차한 상념을 바라보는, 비 오는 경마장.
아무도 없다, 거기엔.

은하랑: 현대시문학 등단. 시집:<뇌는 당신을 계단처럼 기억한다.>

열락 연습
−칠포에서

장계현

I

검은 세계
한
가운데

붉은 장미
하나,

신비에
무게를 주고
있다.

II

살빛 흙과 남국의 길이로
서 가는 사뻥*
이 은밀한 대화를 듣는
전봇대 닮은 외등,
정적 심는 고개 숙임.
아무도 모르는 곳
이 깊은 열락의 향,
맡는 이

그로부터
멀리,

한 붉은
장미

은밀히 중심을 다시금
 옮기는 데

III
물빛은 든다 든다
하늘빛은 잔다 잔다

한점으로 오르는 향나무

나는 간다 간다
綠과 흑의
그 어떤 열락—
공간으로.

* 사뺑(sapin)은 프랑스말로 전나무를 뜻함.

봄 산

I
이런 봄
훅훅한 봄
혼재된
신비 속에서

절벽
맴 둘레 꽃 인양
고대 빛 초록으로
매달려
있을 때

II
봄
등불
켜지는

봄
밤이여,

후둑하게

어둑하게
혼재된
붉은 신비,
그
길 잃음 속에서

열락 빛아
어서
오라 !

III
꽃 등불
봄 산-
길
타고
내려온다.

봄
향기,
지맥 다
풀리게

만들고

모든 것
혼재되어
내가
너, 山의
녹은 가슴 되는 일.

인 연

내 붉은 용지*가
만날 수 있는 꽃은
그럴 수밖에
무속 점 띄운
주황빛 나리 일 밖에.

* 용지는 대구 범물동에 위치한 아름다운 산.

장계현: 현대시문학 등단. 불문학박사. 현, 경북대강사.

낙화

丁明

떨어지는 벚꽃잎
차창에 부딪쳐온다
붉은 유혹 여전하지만

나는 너를 모른다
새 향기에 취했거든

이미 가득한
라일락 세상

(2010)

그러다 그런 채로

꽃이란 햇살을 받아 비로소 웃는 법인데
올봄 내내 젖은 날씨에
웃을 날 없었네

한번쯤 절정은 기다렸겠지
온몸으로 으아아 터져버릴 테다
상상에 남모르게 가슴 뛰면서

그러나 그러다 그런 채로 시간은 가고
시간 따라 수명도 다해버렸지

흔쾌히 한 번 웃은 날 없이
지고 마는 낙화의 밤
주룩주룩 찬비는 소리도 없다

(2010)

오월

착한 이들을 위한 봄꽃
서둘러 지고

해는 숨어 짙은 울음 울고

처연히 내리는 는개
밤새도 근간하다

푸르고 더욱 푸르러지는 일 말고
그 무엇을 할 수 있으랴

죽어 되살아나는 오월

(2011)

파라다이스

오늘 같은 햇살과
연분홍 꽃들과
그대의 따스한
웃음소리만 있다면

(2011)

정 명(丁明) : 언론인. 시사칼럼니스트. 2009년 9월 詩集 <피어라 꽃!> (현대시문학사) 출간

시월이 읽히는 풍경

정원

빗물은, 시월의 어느 담 모퉁이를 돌아
은행잎 물결 속에 잠긴다.

호주머니 속에 얹히던 잎새들
바스락 바스락 지난 사람은 저만치서 코트 깃을 세우
고
골목 안은 몇 닢의 사색과 몇 닢의 등燈을 내달아
안과 밖이 환하다

팔랑, 시간의 갈피로 내려앉는 저녁
불빛마다 서둘러 먼 거리로 휘휘 울려나는 휘파람 소리
창 밖 은행나무 몇 그루,
톡톡 제 발 끝에 은행잎을 떨구고
이 가을, 돌아갈 길은 더욱 더 멀어
잔은 비로소 늦가을 문턱 어디쯤에서야
홀로 비우는 소리,

젖은 은행잎 사이로 또각또각 내리는 빗소리

가을이군요,
또다시 그녀가 읽힌다.

인사동에서 길을 잃다

길을 잃다
낯익은 풍경 어디쯤에서 추적추적 비는 내리고
가을은, 옛 기와집 어느 작은 담 모퉁이를 돌아 한 사람 남짓 다닐 골목 안
다닥다닥 붙어선 불빛 속에 그리움이다
빗물처럼 스며드는 사람들,
골목 안 참방거리는 시월의 어디쯤
나도 물결 속에 찰랑거리는 강물의 가장자릴 심는다.
우산 속 문득, 누군가 떨어뜨리고 간 외로움
뒷모습 하나로도 쓸쓸한 풍경 위 이 가을 늦도록 내리는 술잔
어디쯤이죠, 온 길을 되돌아 다시 물어도
추억이 없는 사람은 대답 하질 못한다, 빗물이 詩처럼 골목 안을 적시고
덩달아 바보 같이 길을 잃고 선 가을,
그런 자리에 문득,
우두커니 홀로 선 와사등瓦斯燈 하나.

정원: 2009년 경상일보 등단.

소금꽃 핀 신발

정행심

신발은 매일 땅을 누비는 즐거움 속에서
초행初行의 사람들과 초면의 사람을 만나서
흙을 밟은 기억으로 뽐을 내듯
의기양양한 소금 꽃을 피우며
풀어진 신발 끈을 단단히 묶는다

칠년이나 내 몸을 태우고 다닌 등산화가
끝내 밑창이 떨어지고 뒤꿈치가 해어지면서 물이 베어
와
인터넷에서 저렴한 중국산 신발 하나를 구입했다

예정에도 없던 길로 신발은 내 생을 집어 넣고
오르락내리락 기쁨과 고통의 짝을 바꾸가며
새벽에는 약수터로 저녁에는 시장 골목으로
아킬레스 근육을 자극하며 종횡무진
내 희망과 다른 길 밖의 길을 누비게 했다

단 한 번도 꿈을 신고 떠나보지 못한 채
새로 산 등산화는 일주일도 채 안 되어
밑창이 떨어지고 박음질이 터져 버렸다
여기저기 물이 새고 볼품없게 된 새 신발……

내 몸을 지탱하고 정신을 똑바로 차려
중심의 돛을 올린다, 희망찬 항해의 꿈으로
긍정적인* 생각을 가지고 최선을 다 할 때
꿈은 이루어진다는 걸, 넌 잘 알고 있겠지

*사하 성당 게시판의 문구 인용

저물녘의 시詩
―새와 길에 대하여

길이 많은데도 도전의식 결여랄까
사회에 떠도는 소문의 휘말림이랄까
선급한 두려움의 망설임이랄까
익숙한 길로 출근 도장을 찍듯 저녁산책을 한다

많은 이들의 발자국 흔적은 찾을 수 없지만
잦은 폭우로 골이 패인 그 길을
조심조심 저물녘이면 시를 쓰듯 걷는다

울울한 숲의 산까치와 이름 모를 새의 교신은
싹틔운 연잎의 파릇한 향기와 통하는지
코를 자극하는 숲 향기
녹슨 내 폐부의 이산화탄소를 앗아가는가
거친 호흡이 목울대를 자극한다

살아오면서 가진 땅 한 평 없지만
빼곡히 둘러싼 건물과 바다와 산과 들과
함께 숨을 쉬며 살아가는 내 모습이
발아래 세상을 틈틈이 내려다보고 있다

마비되어 가는 그 길의 산책 끝에는
새들의 교신이 메아리처럼 울려 퍼진다

어깨 낮은 담장 얘기

터벅터벅 아스팔트 위에
낙엽 닮은 그림자 지나간다
달빛은 한가로이 바람을 벗 삼아
그림자의 무게를 이리저리 굴리며
어스름한 골목 귀퉁이에 걸쳐 있는
감나무 가지 끝에 매달려
한가로이 풍성한 향을 음미 하는데
소주 한 잔으로 가칠했던 하루의 푸념이
폭발할 수 없는 화염이 되어
창을 넘고 담을 넘어 바람 속에서
그림자의 눈치를 보고 있다
바람은 말이 없고
그림자도 말이 없는데
유독 말이 많은 축 늘어진 어깨를 한 담장 속 얘기는
하루가 지나면 쉬 사라지거나
잔영만 남을 지라도
영혼을 쫓듯이 타령에 타령을 더 한다
그림자가 문 밖 어딘가에 있는지 조차 모르는 것처럼
아침에 널어둔 빨래는 달빛과 동침을 하고 있다

연등, 봄비에 젖다

당신이 밟고 오실 길 위에 봄비가 내립니다
며칠밤 새워 준비한 연등
봄비 속으로 걸어오는 바람에 혹 날릴까
혹여 찢겨질까 설쳐집니다
새벽 빗소리는 청아한 목탁소리 마냥
근심을 뒤로 한 채 가슴을 적십니다
간사한 마음이 교차하던 무지개 현실
아직도 버리지 못한 욕심으로
어깨는 무겁고 발걸음도 천근만근
손바닥에 그려진 세상은 참 작은데
당신의 손바닥은 너무 깊고 넓어
부족한 존재만 한탄합니다
그 염화미소
달마처럼 빗속을 뚫고 오실 분
이 비 그치고 나면
당신을 향한 불꽃을 피워 맞으리라
두 손 모아 합장하리라
당신이 밟고 오실 길 위에 봄비가 내립니다

정행심: 강원도 태백 출생. 부산여대 문예창작학과 졸업. 한국 방송통신 대학 문화교양학과 졸업. 시림 문학회 동인. 현재 부산시립극단 단원

창문

제은혜

사람들은 보리가 팰 때쯤
다시 그를 기억한다
겨우내 잊혀진 그는
먼지 앉은 더께머리에
남루한 풍경을 걸치고 있었다
사람들은 푸른 싹이 돋아난
더러운 그의 몸을 닦고
그의 주변에 있는 틈들을 덜컹덜컹
끼워 맞춘 후에
커텐을 열고 그의 밖을 내다본다
그를 비집고 들어오는
조팝나무 꽃잎 사이로
하늘따라 가끔 흘린 그의 눈물자국이
닦여진 빰 위로도 희미하게 비친다
그는 이미 다시 잊혀질 자신임을
알면서도 봄 햇살을 담아주고
자신의 존재를 모두 열어 꽃들을 보여 준다
사람들은 그를 통해
흔들리는 나무를 보며 가로등 불빛을 보며
지나가는 차들의 질주를 보면서
어느덧 사방이 벽으로 막힌
자신의 내부內部를 잊고 만다

고백

나뭇잎 한 장이 하늘을 열면
다른 한 장은 하늘을 닫으며
수백 개의 조각하늘이
재잘재잘 길을 여네
그늘마다 망설임의 시간을 숨긴 채
날개를 달고
그 빛 무늬 속을 가네

나 어쩌자고 허공의 천장을
뚫고 날아오른 무수한
저 하늘의 깃털을 만졌을까
나 어쩌자고 허공의 천장이
홍해처럼 갈라진 곳에서
그 따스한 새를 가슴에 품었을까

모든 잎들이 숨을 쉬고
빛과 어두움을 번갈아 마시며
눈을 감고 당신을,
찬바람이 불 때도
내 안에 계신 당신을 추억하며 감사합니다

제은혜: 2002년 충남일보 동시등단. 2003년「현대시문학」시등단. 시집: <바다나무 한 그루>

시 누이

주기철

서울서 나
서울서 자란
서른 넘긴
우리 누이
추억도
아픔도
서울인데
시치미 떼고
시골로
시집 간
우리 누이
시름시름
시를 앓더니
시집 한 권 낳더이다.
시처럼 살자고
시 같은
유서 한 장
꿈 따라
시 찾아
귀천하더이다.

어떤 연

비상(飛上)한 연
비상(非常)한 연
비상(砒霜)한 연

내 연에는 줄이 없다.

어디든 갈 수 있지만
어디도 갈 수 없다.

사람들의 구둣발 소리는
새 발자국을 닮아있고
모이를 쪼는 주둥이엔
훈장처럼 혈흔이 빛난다.

이제 그런 연일랑 버려야지

주기철: 현대시문학 등단. 시집:<이 바람은 어디에서 불어오는가>.

설레임

조명옥

'영종도'
동네 이름 들으면
내 귀 크게 열리고
쿵 쿵 쿵!
마음 설레이는 것은
나를 사랑하시는 할머니가
그곳에 계시기 때문일거야!

'개봉동'
동네 이름 보이면
내 눈 크게 뜨이고
두근두근!
마음 설레이는 것은
단짝이었던 친구가
그곳에 있기 때문일거야!

싹이 잘 트라고

따스한 해님이
꽃밭을 품었다.
꽃씨들
싹이 잘 트라고!

상냥한 선생님이
교실을 품는다.
제자들의 꿈
싹이 잘 트라고!

자상한 엄마가
가정을 품는다.
자녀들의 꿈
싹이 잘 트라고!

엄마는 가끔

엄마는 가끔
내 잘못 알면서
눈감아 주신다.

내가 아는
내 잘못
야단 맞을 각오 하는데
엄마는 슬쩍
눈감아 주신다.

'거짓말 시키고 놀러간 일
……
다시는 거짓말 안 할거야!'

회초리 자국보다 진한
결심 남는다.

하늘

뭉게구름 피어난
파란 하늘이
진이 입에선
노래 되어 나오고.

뭉게구름 피어난
파란 하늘이
민아 손에선
그림 되어 나오고.

뭉게구름 피어난
파란 하늘이
선이 맘에선
시가 되어 나오네!

조명옥: 현대시문학 동시부문 1차추천등단. 마로니에 백일장 동화부문 장원. 아동문예문학상 수상(동화), 현 독서지도 활동.

삶

조병중

바람이 불자
우스스 잎들이 떨어져 날립니다
잎사귀들이 지면
앙상한 가지들의 시린 겨울이 남습니다
잎사귀가 진다해도
천지를 눈이 다 덮는다 해도
들판에는 새들이 살고
강산에는 짐승과 바람이 삽니다
산다는 것은 견딘다는 것
어느 봄날에 꽃이 돌아오고
잎사귀가 다시 차오른다는 것은
바람에 흔들리고 세월에 견디는 것입니다
아무도 없다거나
모두가 떠난다거나
한꺼번에 만화방초가 핀다 해도
산다는 것은 견딘다는 것입니다
꽃이 피면 따듯 흥감하고
잎새가 지면 허전 쓸쓸하지만
지나가지 않으면 계절이 아니요
떨어지지 않으면 잎새가 아니요
빛나지 않으면 햇살이 아닙니다

견딜 일이 없다면
이 또한 삶이 아닐 것이니 말입니다

가치

정말 소중한 것은
낡은 이념이나
핏대 부어 오른
결기가 아님을 알거라
아버지 어머니께서
손발 저리셨던 밤
호롱불 아래
몰래 읽어 해진 춘향뎐이거나
오래도록 쓰시고도
수이 버리지 못하시는 것들
너를 덥게 키웠던
부러진 바늘이나
밑 삭은 양은 그릇 같은 것 말이다

산책

선달 바람 술래잡기를 하는 소나무밭 언덕엔
쑥대처럼 쑥쑥 엇 자라던 콩크릿 아파트
까칠한 키가 뚝 멈춰 섰네요
타워크렌 밑에는
욕심들이 미처 감추지 못한 스산한 뼈대들
칸칸마다 시린 바람을 불러 재우고 있는데
당첨권도 분양권도 없이 입주한 산새들도
우르르 동도 호수도 없는 이방 저 방을 몰려다니며
날마다 다른 새 잠을 바꾸어 즐기나 봅니다
쫑긋 두귀를 세우고서
아무 지킬 것 없는 노당한데
바람소리만 나도 으르륵 갈기를 세우는
개를 보며 놀라진 않지만
쇠줄에 머리를 거머잽힌 책임감에 엉뚱하게 감전됩니다
시린 바람들은 까불며 불쑥 솔향기를 내밀고
녹슨 개나 차단기에? 걸리지 않는
곤궁한 나의 산책은

부도의 궁잔함이 다기와 멈춘
조동 솔숲에서 언제나 시작 입니다

조병중: 작가네트. kbs진주방송국 저널리스트. 문학세계.

오래된 이야기 1

–유모차

조성범

새댁도 아기들 소리도
보이거나 들리지 않았는데
집집마다 하나씩 서있는 유모차.
콩밭 익는 냄새는 꿈에라도 싫다던
칠십 넘은 개동 댁이나
구십 다된 양 서방네도 올 손은 없다는데,
어디서 갓 난 시절 다 보냈을지 모를
유모차를 밀고 다니며 가을 햇살만 담고 있다.
질화로에 불이 사위어 가듯 저녁이 찾아들고
45도 90도에 이른 생을 붙들고 집으로 돌아가는
유모차의 네 바퀴가 비트적거리며 투정을 부린다.
아기를 태웠던 그 자리는 맥없는 푸성귀와
날 끝이 하얗게 무뎌진 때 절은 호미가 앉아,
상강 지난 수세미 줄기처럼 오그라진
할머니의 오래된 이야기를 비뚤비뚤 캐며가고
난, 늙고 병이든 어머니를 수발드는 자식이
바로 유모차였다는 서글픈 장면을 ◎는다.
이제 저것만 놓으면 모든 장은 완성이고
꺄륵대는 아기들 소리에 새막은 오르고
다시 오래된 이야기는 이어 질것이고

인턴농부일지3

−생태마을, 두 번째 풀베기

베어도베어도 꿋꿋하게
모질고 질긴 존재를 과시하며
야멸친 세상에 살려면 이 정도는 되라한다
색 고운 꽃잎 하나 달지 못할 험한 팔자지만
베어지고 남겨진 촉수 같은 뿌리로
대지를 움켜쥔 억척같은 삶은 숭고하다
썸뻑 썸뻑 잘려나갈 버림이야 이미 견뎌본 아픔
풀잎이 쓰러지자 그들도 버려진다
제 터 잃고 뿔뿔이 흩어지는 미약한 몸 짓
풀잎의 이슬도 잘라먹는 하찮은 벌레지만
그러나 제 몸에 붙어 산 자식 같은 존재
쓰러지고 쓰러져도 놓을 수 없어
또 다시 풀잎 첩첩 펼쳐드는 저 불멸의 본성
보잘 것 없는 것은 무엇인가 풀벌레냐 잡초더냐
원하는 것만 취하려는 아직도 깨트리지 못한
바로 그 물욕이 아니더냐

깨달음은 거머쥔 낫 날 위를 아프게 타나
해 종일 고뇌만 가득

폭설이 내리니

평평, 수북수북
어떤 동작도 허락지 않는다.
자본의 모서리에 찍혀 절룩이던 발자욱도,
그 흔적마저 밟으려는 수런거림도,
소잡은 골목길에 터덜대던 짐차며
매끈한 신작로를 밀고 가던 승용차도,
모두 구별 없이 지워 버렸고
하늘과 땅 두 경계마저 허물어버렸다.
비로소 하얗게 벗겨진 세상
보이는 것 들리는 것 모두 한결같고,
모든 걸 덮었으나 그 무엇도 밟힌 흔적 없는
오늘 하루는 참 공평했다,
모 없는 눈발 그친 뾰족한 내일이
아프게 삶을 찌르더라도

고추

세상살이 그리 다루기 쉬운 게 아닌데
만만한 풋것이라 날로 먹다 눈물이 쏙 빠진다
권태로운 입맛 돌리기에 저만한 것도 없다지만
맵다, 사는 일이 땡초처럼 맵다
선인장 가시를 통째로 씹은 듯 아리는 매움
그러나 혹독하게 치른 매서운 고통이 누그러들면
매운 맛도 견딜 만 하다는 걸 누구나 알게 된다
다시는 먹지 않겠다던 땡초,
스스로 제 몸에 매운 물 쟁이는 지독한 것이지만
풋것만 같아 또 다시 구미가 당기는 것을 보면
맵지만, 그래도 잘 다루면
그 속에 금도 은도 가득한 고추 같은 세상

무명

서러워 마라
쑥부쟁이 개망초 미나리아제비
그 흔한 무리에도 속하지 못해
변변한 이름 하나 갖지 못한 고독한 존재라도

여윈 꽃대위에 만발한 원초적 빛깔에도 버려진 변방의
들풀이라 여전히 이름은 없지만
덤불아래 지극히 낮고 외진 곳에서도
소담한 꽃의 자태를 잃지 않는
지금 네 모습이 진실이다

무명은 슬프나
단지 꽃이라는 호칭 하나로도
저토록 휘황한 무늬를 가질 수 있다는 건
어느 초라한 시인의 보람인 것을

조성범: 현대시문학 등단. 부산문인협회 부산시인협회 회원 한국열린문학회 회원. 부산시장상 수상 외. 다수수상

난 가끔 바다를 보러 가

좌정묵

오랜 바다를 뒤로 하며 떠나오던 날 난 혼자 있어도 울지 않기로 했어 눈물이 가득 담긴 소주병을 던지며 하얀 포말 위로 꽁초를 띄우던 날 눈물은 방울방울 입김으로 날아올라 푸시시, 푸시시 곤두박질 했을라나 눈물이 마르고 가슴이 타는 날마다 하늘은 가까이 내려와 어둠을 주고 먼 곳에서 달려온 바람 한 줄기는 야윈 볼 위로 빗방울을 뿌리고 갔어 우줄우줄 걸었으리라, 사는 일이므로 떨리는 한 손으로 소주병을 쥐어잡고 시간마다 추락하는 불꽃을 죽여보았지 생각해 보면 바다만큼 울 수 없었어 내 눈물은 거짓인 줄 알았기 때문에 바다보다 깊은 소주병에 꽁초를 묻고 기억도 태우고 눈짓도 지웠던 것인데 한밤 몰래 담배냄새 나는 바다로 가서 꺼이, 꺼어이 술 같은 바다를 마셨어.

백로白露 내린 숲에서

물이란 얼마나 슬프고도 아름다우냐 차마, 세상이 아우성이던 날들을 비껴 빈 하늘로 날아올라 구름이라도 되어보려고 바람을 불러 알몸으로 서로 부딪치며콩알 튀듯이 방정맞기도 했을 것이지만 눈빛으로 껴안았던 서로를 쏟아내고야 마는 추락이란, 또 얼마나 먼 여정이었을까 아우성이던 날들을 잊고 숲에서 너를 만나 때를 생각해보는 일은 얼마나 경이로우냐 이웃들과 눈을 마주하며 숲으로 내려 반짝이면서 미소가 될 수도 있는 것을 이마에 손을 짚고도 무게 없는 어머니처럼 숲으로 지긋이 내려 하얗게 기도했으리 살아간다고 끙끙거릴 게 무엇이 있으랴만 눈감고 줄달음치는 날들은 참혹하지 않느냐 한밤을 야위어간 그믐달처럼 살았더니라 여명이 오는 줄도 모르고 이불 속으로 숨어 밤이었기만을, 어둠이기만을 웅크리고 떨며 한 기억도 남지 않는 꿈만을 키웠더니라 그런 날들은 너를 팽개치고 가슴을 덮었더니라 오늘에야 숲으로 와서 커다란 수수(授受)를 보는구나 산머루며 으름의 뺨에도 찾아가 키스를 했으리 내일쯤은 누가 보았을까 너무도 부끄러워 산머루 가슴은 알알이 터질 듯이 살찔 터이고으름은 속살을 드러내며 드러눕고야 말 것인데 한밤, 쓸쓸할 때에는 누가 안아준단 말이냐.

한 마리 새가 날아갔다

빈 술병들이 쌓이고 더러는 깨어지고 담뱃재 위로 꽁초가 비목처럼 꽂힐 때 내 정원에도 꽃이 피던 날들이 있었다. 봄날 한 마리 새가 나뭇가지 위에 앉아 때를 알렸거나, 꽃의 노래를 불렀으므로. 아, 때를 알게 되는 일은 얼마나 슬프냐.그러나 꽃의 노래는 얼마나 향기로우냐. 내 정원 구석구석을 찾아 노래하던 새는 슬픔을 쪼아먹고 향기를 빚었을 것이므로 나는 슬픔이 향기를 내는 양식인 줄 알고 잦은 기침을 뱉으며 앓은 체를 했더니라. 고드름이 창처럼 정원 꽃밭으로 내리박히고 난로 옆에 쓰러져 또 앓은 시늉을 하던 날 모래주머니도 없이 슬픔을 쪼아먹던 새는 한겨울까지도 물처럼 빨아먹었던 것일까. 깊은 곳 속깃털이 아직도 따뜻이 남았는데 아무래도 슬픔은 어둠이었던 모양이다.

좌정묵(左靜默):玄谷若水 : 1961년 제주 출생. 1989년 [시] '사월의 생명'과 1989년 [평론] '부재에 대한 상황적 역설의 논리'로 등단

간이역

최마루

감미로운 추억들을 철길마다 뿌려놓고
사계절의 영화로움은 정극이고 희극이었어요

예전에는
저마다 이채로운 꽃처럼 소중한 시간을 화장하여
온통이 분홍 노랑 파랑이 한데 어우러져
즐거이 소풍가는 날이기도 했구요

신나게 달리는 마음처럼 가고픈 고향 저기 남쪽으로
장터로 내달리는 경운기보다 낭만적으로 빨랐어요

오래전 여긴 열차가 잠시 쉬는 자리였지요
좌판도 순식간에 차량처럼 늘어섰구요
매번 그림같은 곳이었어요
어쩌면 저마다 명화같은 추억을 품던
살풋한 고향이었는지 모르지요
정작은 사람살이에 정맥같은 곳이기도 했어요

당시 조그마한 세모역에 젊은 역무원이 친절했었지요
그가 빨간 깃발을 올리면 뒤뚱거리던 열차는
우리의 가슴안에 영원히 지워지지 않을 족적을 남겼어요
어느새 세월도 추억을 업고 쏜살같이 도망가버렸네요

이제 정적의 간이역에는 무성한 풀들이 고요롭고
쉼없이 흐르던 구름조차 자주 머무르니
추억의 지독한 휴우증으로
나도 한동안 쉬고 싶어요

귀촌

인간사 돌아 돌아 훤히 둘러보니
하늘아래 제일 높은 곳은 더더욱 없음이야
높은 산도 아니고 긴 강물도 아니고
마음에 갇힌 숱한 괴로움도 정히 아니야

하얀 물과 뭉게구름조차 허영이고
이승에 무거워진 몸무게만 탓하다가
혼돈의 세월을 그동안 무지하게 원망했노라

오로지 얄팍한 시간의 지배를 받아
포장마차같은 일상을 평생토록 짐 지웠고
좀비같은 삶을 지독히도 또 원망했노라

내 언제 우직한 도롱이 입어보고
개구리 우는 정다운 소리조차
편하게 들어나 보았던가!

한 세월이여!
그저 푸석한 삶에 무한으로 전진하여
홀로사에 껍질로만 무숙하였거늘
언제든 아늑히 돌아갈 곳 마련되면

고난의 영광을 새로이 기억할 터

새삼 투명한 영혼인들 쾡한 마음인들
두 번 생각 말고 좋은 인연으로 접히거든
네 어서 어서 필연으로 마중 나오너라

그리하면 그대의 추억들이 우렁찬 메아리가 되어
산으로 간들 바다로 간들 그 어디로 간들
초라한 영웅하나 우직하게 닮고저
신이의 머리를 능력껏 땋아 내릴 것인즉
한 시대를 가소롭게 읊조리다가
기꺼이 춤추며 죽어가는 길이 있다면

그곳이 바로 귀촌이니라

묵상의 새

나의 머리카락을 길러서 신을 삼노니
내가 어찌 나를 감히 짓밟고 가겠느냐!

그대에게 이승의 진한 말로 언급하노니
생전 정직한 태양을 반기지는 못하였어도
천상의 벌을 내리 받지는 않았으니
그대와 마지막 이별이라고 예고할 순 없는 것이겠지
또한
세월이 약이란 말도 곱지 않는 소리이거늘
사람의 마음이사 어찌 그 모든 것을 잊고 살겠는가!
찬바람 불면 춥고 뙤약볕에는 육체가 마르거늘
생전의 슬픈 기억조차 머리카락에만 담아라

그리고 훌훌 떠날 때가 되거든
가지고 갈 것이 아니면 태우면 그만이지
홀가분한 몸이사 땅으로 내어주고
집착이라는 거 한낱 이슬에 불과한 것을
생사에 뭐가 그리도 복잡한가!

그림으로 태어나 소설처럼 살다가면
풍요로운 자화상처럼 이삭이 살지는 때

하늘을 오르는 황금의 새가 될 것인즉
고요히 산사에서 엿보니

여지없이 태양은 당당한 얼굴을 내미나니
여태까지 그대가 지녀온 부끄러운 삶처럼
달은 얼굴을 슬며시 숨기는구나!

최마루: 현대시문학 등단.

붕어빵 가게

석민호

커다란 한길의 작은 모퉁이,
포장 마차 속에 조그마한 좌판,
이곳에 누워서 웃고 있는 붕어빵,

총총 걸음하는 수많은 사람 중에,
간식을 즐기는 사람들의 쉼터,
조금이라도 갖고가서 좋아 하는 사람과 함께,

서로의 즐거움을 나눔으로,
배려하는 마음을 나타낼 수 있다는 자부심,
오늘도 붕어빵은 웃으면서 누워 있다.

인연을 거두며,

서로가 자연스럽게 만났어요.
살며시 불어 오는 봄바람 같이
파란 하늘에 뿌려놓은 새털 구름인양,
당신이 원하지 않아도, 우연하게 만났어요.

시간이 어느정도 인지는 아무도 모릅니다.
아주 짧은 순간인지, 오랫동안의 세월인지,
인연이라는 말 밖에는, 무슨 말이 소용있나요.
사람과의 연이 뜻대로 이루어 지나요.

그 동안은 참으로 좋은 시간이 되었답니다.
편안하게 서로를 위하여 말을 하고, 생각 하였으며,
서로를 배려하려고 노력하였으며, 서로 존경하고,
서로의 미래를 설계하며, 주위 환경은 아랑 곳하지 않았습니다.

아침에 떠오르는 태양의 여명처럼, 앞에서 끌어 주는,
당신의 사랑스러운 눈빛이 가슴 속에 맺혀 있습니다.
부디 좋은 인연 간직하고, 행복 스러운 나날 이루시길,
머나먼 곳에서 기도하며, 다시 인연이 되길 바랍니다.

도자기를 만들며(1)

여러가지 흙을 이렇게 저렇게 주무르면서
나의 마음을 조금이나마 알아채도록,
조그마한 흔적을 나도 모르게 흘리고 만다.

어지러운 마음을 다 잡고져, 정신을 차리려 해도
더러워진 많은 때를 더덕더덕 붙이고 다니는,
나의 모습이 흙속에 묻혀서 이리저리 다닌다

도자기 모양에 나의 정신을 담고 싶어서
쌓아올린 흙을 부수고, 다시 올리고, 다시 주무르고,
그림을 그리고, 또 그리고, 아기를 보살피듯, 다시 보살핀다.

자신의 모습을 나타나려고, 멋을 내는 아낙네처럼
붓으로 마음을 전하면서, 색을 칠하며, 유약을 바르고,
우리의 열정을 표현하고져, 뜨거운 열기속에서 창조되어 진
다.

석민호: 경동고등학교 졸업. 한양대 졸업. 몽골 울란바토르 근무(2008-2009). 아프카니스탄 바그람 근무(2010). 캄보디아 프놈펜 근무(2011.3)

깨지는 사계四季

최현배

세모의 창밖에 내리는 희미한 달빛
삼라만상이 찬 설에 얼었구나.
2010년 가슴을 열고 봄을 기다리지만

삼한사온이 지워진 계절에 떨고 있다.
설한을 등에 업고 찾아오는 봄
엷은 햇살 속에서 꽃을 피웠다.

삶의 리듬이 깨어지는 사계
봄날 싹을 틔우던 나뭇가지에 감싼 햇살
슬며시 여름 속으로 회석되어 버리고
싱그러운 실록은 오월 속에 너풀거린다.

오~~~계절이여! 계절이여!

돌아본 추억

해는 서산에 지고
달은 개울 물속에 떠오르고 있었네

소(少)시절 추억을 그리며
삶에 찌든 물골이 부끄럽지만
지친영혼의 뒤안길에서
잠시 눈을 감아 보았다

세찬 풍랑에도 사라지지 않고
만경창파 속에서도 연약한 일엽편주가
잔잔한 호수에서 닻을 내리고
울렁이는 속을 안정 시켰다.

한 세월에 60(歲)이 넘어
정들고 시린 가슴 변한고향
그 옛날 즐거웠던 고향(故鄕)양화정(停)
안개처럼 아련하게 피어오른다.

청송 최현배시인: 44년 거제 양화(망치리) 출생. "문학세계" 계간 "시세계" 등단. 신인문학상 수상. 한국시 낭송협회 회원. 시낭송 특별상수상. 한국문인협회회원. 거제문인협회 이사. 현대시문학 거제 동인회 부회장. 시집 : 미조라가는 길 출간.

감꽃

하미애

감나무 환한 그늘아래 마당이 하나 너무 서둘렀나 두 팔 벌리고 있는 구름 순대 공장 뒤에 숨어 오래 내려다 봅니다 단지 속 짚풀 허수아비들이 신방을 차린다니 세상에 스물둘 처녀 어머니와 열아홉 총각 어머니의 면장갑이 눈물을 철철 뿌립니다. 파란 초와 하얀 초 수의를 곱게 곱게 입고 웃각씨 손길 따라 총각귀신 처녀귀신 사이좋게 땅 속으로 합방합니다

맨드라미

신도시 중흥 아파트 거리에서 SK집 단돈 천원 신청하시고 가세요 소리쳐 보지만 읍사무소만 묻고 들은 척만 척 쌩하니 지나가는 풍경이 낯설지 않다 집집마다 나갔다가 당장 나가시오 꽝 현관문이 닫힌 후 SK집 전화 판매원 내 친구는 12층 복도에서 뛰어 내릴 수 없었다 자궁경부암 스무 한 살 딸만 생각하면 할수 있다는 다짐이 핏빛으로 물든다는 맨드라미 춥게 웅크린 저녁 오뎅 국물로속을 달래는 동안 아는 사람들에게 자꾸 부탁을 하게 되어 염치가 없어진다던 늦도록 달아있는 친구의 피로회복제 저녁을 충혈시킨다

물봉선

꽃 핀 베란다에 나왔습니다 – 어머님 돌아가시면 저희 집 김치는 어쩝니까? – 내 죽으면 무덤 속에서 벌뜩 일나가 담아 주꾸마 싱크대 고춧가루 통에 모셔두고 남편이 속 썩일 때 마다 듣는다 김치 담그는 날 오시겠다는 약속대로 오늘 오셨군요 물봉선 핀 베란다

고구마를 굽다

하연우

수제비로 한 끼를 때운 저녁
연속극을 보다가 출출하여 주전부리를 찾는데
큰방 라면 박스에 눈이 꽂힌다
겨우내 먹겠다며 차곡차곡 담아둔 고구마 무더기
얼른 부엌으로 달려가 바가지를 들고 와서는
통실한 놈은 그냥 두고 작고 마른 놈들만 골라 담는다
이내 개수대에서 물세례가 이어지고
가스불에 돌솥을 얹는다
돌솥은 웬만큼 달구어져야만 오랜 숙명을 받아들이리
라 그리고 난 후 나는 키친 타올을 여러 장 쭉 찢어
샤워 끝낸 놈들의 물기를 닦는데
부엌 쪽창으로 들어오는 바람이 매서운지
타올에 싸였어도 몸을 부르르 떤다
조금만 기다려!
저 달구어진 가마 속으로 들어가면 몸은 금방 노곤해지리
라 뚜껑을 연다 열기가 확 뻗쳐오른다
오삭하게 얼어붙은 놈들,
그 중에서 허리가 굵은 놈부터 가장자리에 눕힌다
다투는 소리 듣기 싫은 나는 급하게 문을 닫아건다
얼마후면 노르스름하고 따끈한 맛을 보게 되리라
돌솥에서 놈들이 기지개를 켜는 동안

나는 부엌바닥에 쪼그리고 앉아 시집을 읽는다
그만 낡은 페이지 한 장이 툭 떨어져 내린다
문득,
동네 대형마트 앞에서 고구마 굽는 청년이 생각난다
아직 어린 티를 벗지 못한 그 청년
드럼통에 불을 지피고 통 안의 고구마를 연신 살피는데
기다림의 흔적은 여간해서 볼 수 없고
사람들은 하나둘씩 모여들고
그때부터
청년을 채근이나 하듯 눈발이 날리기 시작하는 것이다
눈을 맞으며 그는 알 수 있었으리라
삶은, 구워진 고구마의 속살처럼 말랑말랑하지도
타버린 껍질처럼 딱딱하거나 씁쓸하지 않다는 것을
낙엽이 된 책장을 주으며 달아오른 가마의 입술을 벌렸을 때
시집 갈피갈피마다 나긋나긋해진 군상들 스며든다
젓가락으로 가장자리에 누운 놈의 허리를 쿡 찌른다
어라, 마지막 남은 자존심일까
나의 손을 밀쳐내고는 바람든다고 성화를 부린다
다시 돌솥의 아가리를 벌리는 날에는 놈들을
야금야금 지친 뱃속으로 채워 넣으리라 생각하고
나는 자꾸만 먹물을 덧칠하는 겨울밤을 그저 바라본다

기차를 타고 싶다

언제라도 내가 살고 있는 남쪽 들녘에 발목이 푹푹 빠지도록 눈이 많이 내리는 날이 오면 하던 일 모두 접어두고서라도 저 눈발에 휩쓸려 마산역으로 나가야지 그래서 정동진 기차를 타야지 머리와 어깨와 가슴과 신발 밑창에 달라붙은 눈송이, 귀찮은 듯 그냥 내버려두고 무궁화호 차창 밖으로 내리는 풍경 소리 들어야지 그 소리 열심히 듣다 보면 가슴에선 고동 소리 들려올 거고 그러면 난 또 지난 겨울 떨어져간 동백꽃을 잠시 그리워하거나 밤새 꺽꺽 울게 하던 사랑아, 널 생각할지도 몰라

눈발에서 기차가 달리는 동안은 옆 좌석에 누가 앉았는지 나는 관심도 없을 것이고 그저 잠시나마 간이역에 들러 목을 축였으면 하겠지 가끔 숨이 차오를 정도로 어머니 얼굴이 떠오르거나 그로 인하여 가슴에 몇천 길 분화구가 파인다 해도 지금 세차게 내리는 저 눈발을 애써 외면하지는 않으리 칼끝으로 에이는 외로움 뚫고 정동진 역에 도착했을 때 순간 몹시도 쓸쓸해지겠지만 곧 이곳에도 비뚤거리는 내 발자국 몇 새기게 될 것이고 그러다 보면 어느 허름한 구멍가게라도 발견하지 않을까 빈 가슴 꽉꽉 채워줄 소주 한 병 사서는 어두워지

기 전에 바닷가 한 모퉁이에 자리를 잡는 거야 눈 오는 밤 혼자 허기진 배에다 술 한 잔 털어넣을 생각이지 아무도 함께 울어줄 이 없다 해도 난 어젯밤처럼 꺼이꺼이 울음 토해낼 거고 그러면 또 물끄러미 바라보던 바다는 날 안쓰럽게 여겨 그 울음 몽땅 받아먹을 거고 바다는 밤새도록 그렇게 눈이 퉁퉁 붓도록 울고 그 곁에서 깡소주에도 취하지 않는 나는 피똥처럼 시 한 편을 훅, 오바이트하고 싶은 것이다.?

상팔자

어라! 밥이 없다
엊저녁에 먹다 남은 식은 밥 몇 순갈 밥통에 뒹굴 뿐 분명 아침에 해뜨는 소리 들리지 않았다 어머니 쌀 씻는 소리 들리지 않았다 눈치없는 빗소리만이 내 달팽이 관을 자작거리며 커피 향에 취해 오늘 하루를 적실 꿈을 꾸는데 그때, 어머니 현관문을 밀며 콩나물 한 봉지 내미시는 것이다 밤부터 내린 비에 갱죽 생각 간절하셨나 보다 김치는 가위로 싹둑싹둑 콩나물은 찬물에 두어 번 살랑살랑 드디어 멥쌀 한 홉 정도 바가지에 뽀득뽀득 씻으시는 어머니, 중간 냄비에 준비한 재료 몽땅 넣으시고그 위에 피트 병에 든 다시물 콸콸 쏟아부으신다 이제부터 내 몫이다 불은 중간불로 맞추고 방으로 들어가시는데 폭탁폭탁 끓기 시작하면 알맞게 불을 줄여야 한다 아! 빗소리는 커피 한 잔에 내 가슴 한쪽으로만 스며들고 며칠 전에 받아놓은 원고청탁은 머리를 아프게 한다썼다 지우고 썼다 찢어버리는 내 외로운 城

부엌바닥이 온통 무너져간 허연 모래알로 가득찰 때쯤이면 어머니의 갱죽은 김을 풀풀 내며 대접에 담겨지리라 후후 불며 한 순갈 떠먹으면 금방 알 수 있으리 내가 쓰는 시와는 비교가 안 된다는 것을 언제쯤이면 내 시도 폭폭 떠서 술술 넘길 수 있을까 그런 생각하는 사이에 벌써 대접은 밑바닥을 보이고 입가를 쓰윽 닦으며 설거지는 뒤로 한채 난, 또다시 안 되는 시를 붙잡고 우산도 없이 봄비에 젖는다

문을 닫고 휙 나가시는 어머니의 뒷모습에서 어쩐지 햇볕 좋은 날 바싹바싹했던 그 잔소리가 그리워지는 것이다.

하연우: 현대시문학 등단. 창녕문인협회/경남시인협회 회원. 저서: 공저-"햇살드는 창가에 서서" 외 다수

야화의 향기

한범희

그녀의 야성은
살기 위한 투쟁이며
살아 있음을 늘 증명하려는 역동성이고
관계에서 경박과 인위를 거부하는 투박성이다

그녀의 야성은
늘 일을 저지르며
미련 없이 새로운 도전에 골몰하고
독특한 인생의 향기를 뿜어댄다

꽃잎이 지는 거리에 그녀의 향기가 바람에 날린다

벼랑에 핀 꽃

벼랑에 위태롭게 핀 꽃은
낙화를 두려워하지 않는다
세월이 흘러
젊은 날이 가도
영혼을 흔드는
향기는 만 리를 날아가리

붉은 양귀비꽃

입술처럼 붉은 꽃
양귀비꽃
하늘거리는 가녀린 몸짓엔
한번 빠지면
헤어 나올 수 없는
치명적 중독성이 숨어 있다
그건 꽃뿐만 아니라
중독성이 아주 강한 사람도 있다
어떤 자리에서라도
자신의 초심을 흔들면
털고 일어서 무모하게 보이는 그녀에게
시종 끌리는 걸 보면
내겐 그녀가 붉은 양귀비꽃이다

한범희: 1965년 충남 태안 출생. 2003년 현대시문학 등단. 2008년 시집 'JO를 위하여' 출판. 2010년 시집 '야인' 출판. 2011년 현재 충북 단양 영춘초등학교 교사로 재직.

사랑, 그 문 뒤에서

초판1쇄 · 2011년 12월 12일
펴낸이 · 현대시문학사
발행인 및 주간 · 양태철
편집인 · 유화
펴낸곳 · 현대시문학
서울 강남구 역삼동 603-3 타비쉬빌딩 501호
<책 주문 및 제작>
전화: 02-512-0246 /야간: 010-9892-6115
이메일:hihd@paran.com
홈페이지: koreanpoetry.com
등록 · 1999.6.11 제13-619호

ISBN 9788990520678+03810